25 mai 1914

COLLECTION

ARTHUR SAMBON

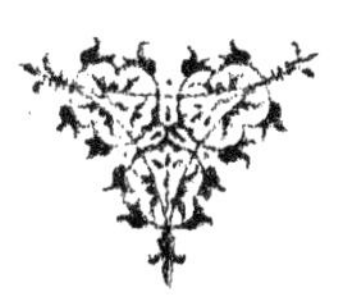

COLLECTION

ARTHUR SAMBON

1 . 241.323
2 . 366.420
3 . 237.110
4 . 130.941

Total 975.794

CONDITIONS DE LA VENTE

Elle sera faite au comptant.

Les acquéreurs payeront *dix pour cent* en sus des enchères.

Paris. — Imp. Georges Petit, 12, rue Godot-de-Mauroi. — 23661-14.

CATALOGUE

DES

OBJETS D'ART

ET DE HAUTE CURIOSITÉ

DE L'ANTIQUITÉ, DU MOYEN AGE, DE LA RENAISSANCE

ET AUTRES

Faïences Italiennes — Terres émaillées des Robbia

PORCELAINES DE SAXE

Ivoires — Objets variés — Bijoux

BOIS SCULPTÉS, MARBRES, PIERRES, TERRES CUITES

Bronzes Italiens

Sculptures Égyptiennes et Grecques en marbre

Terres cuites et Bronzes Grecs et Romains

FAIENCES ORIENTALES : IMPORTANTE SÉRIE DE RHAGÈS

MANUSCRITS PERSANS

Sculptures et Peintures Chinoises

BRONZE DE MOSSOUL

TABLEAUX ANCIENS

DES

ÉCOLES PRIMITIVES, DE LA RENAISSANCE ET DU XVIIIe SIÈCLE

Œuvres de H. Met de Bles, Pater, etc.

Pastels, par J.-B. LIOTARD

Formant la Collection de M. Arthur SAMBON

DONT LA VENTE AURA LIEU A PARIS

GALERIE GEORGES PETIT, 8, rue de Sèze

Les Lundi 25, Mardi 26, Mercredi 27 et Jeudi 28 Mai 1914, à 2 heures

---

COMMISSAIRE-PRISEUR

Me LAIR-DUBREUIL, 6, rue Favart, 6

EXPERTS

Pour les Objets d'Art antique :

Dr JACOB HIRSCH

364, rue Saint-Honoré, 364

Pour les Objets d'Art :

MM. MANNHEIM

7, rue Saint-Georges, 7

Pour les Objets d'Art oriental :

M. MEYER-RIEFSTAHL

72, faubourg Saint-Honoré, 72

Pour les Tableaux :

M. JULES FÉRAL

7, rue Saint-Georges, 7

EXPOSITIONS

Particulière : *Le Samedi 23 Mai 1914, de 1 heure 1/2 à 6 heures.*

Publique : *Le Dimanche 24 Mai 1914, de 1 heure 1/2 à 6 heures.*

ORDRE DES VACATIONS

Le Lundi 25 Mai 1914

	Numéros
Art égyptien. — Sculptures, Faïences, Verrerie, Bronzes	1 à 26
Sculptures grecques et romaines	27 à 39
Bronzes grecs et romains	40 à 87
Poteries	88 à 112

Le Mardi 26 Mai 1914

Terres cuites grecques	113 à 127
Orfèvrerie et Objets divers	128 à 147
Art chrétien	148 à 151
Tableaux anciens	209 à 221
Art musulman. — Faïences émaillées des XIIIe et XIVe siècles	152 à 173
Verres arabes émaillés	174 à 176
Faïences et Porcelaines des XVIe et XVIIe siècles	177 à 183
Bronzes musulmans du XIIe au XIVe siècle	184 à 187
Manuscrits persans	188 à 191
Art chinois. — Céramiques, Bronzes, Sculptures et Peintures	192 à 207
Art japonais. — Grand Paravent	208

Le Mercredi 27 Mai 1914

Faïences	222 à 273
Porcelaines	274 à 300
Ivoires	301 à 313
Bijoux	314 à 335
Sculptures	400 à 415

Le Jeudi 28 Mai 1914

Objets variés	336 à 388
Bois sculptés	389 à 399
Bronzes	416 à 458
Meubles, Vitrines	459 à 470

ART ANTIQUE

ART ÉGYPTIEN

SCULPTURES EN PIERRE

1 — Groupe en calcaire peint. Un homme jeune, au torse puissant, est assis dans une attitude pleine de fierté, les mains sur les genoux, la droite fermée en signe d'autorité. Auprès de lui est sa femme, vêtue d'une robe blanche qui lui moule le corps ; dans une attitude de craintive affection, elle pose sa main gauche sur l'épaule de son époux.

Sculpture archaïque des débuts de la IIIe dynastie, de conservation admirable. Ce groupe et les deux statues suivantes proviennent du tombeau de Neofrit-Abit, « la belle d'Orient », fille de Cheops Ier, le constructeur de la grande pyramide. Fouilles Ballard.

Haut., 30 cent.

2 — Jeune femme assise, les mains allongées sur les genoux. Calcaire blanc, traces de coloration.

IIIe dynastie. Saqqarah. Fouilles Ballard.

Haut., 36 cent.

3 — Pétrisseuse de pain. C'est une jeune femme agenouillée, presque nue, un foulard sur la tête ; elle pétrit la pâte sur une grande tablette ovale, ou, selon l'opinion de Maspero, elle est occupée à broyer le grain entre deux pierres. Calcaire blanc.

IIIe dynastie. Saqqarah. Fouilles Ballard.

Haut., 40 cent.

4 — Le prophète d'Ammon, Ouahabrâ, est représenté accroupi, les bras croisés sur les genoux ; sur le devant de sa robe on voit une scène d'adoration : le prêtre adore Osiris mumiforme, coiffé de l'*atef* et tenant le sceptre *ouas ;* derrière le dieu, les signes de la vie *(ankh)*, de la stabilité *(tat)* et de la force *(ouas)*.

Belle sculpture en basalte noir de la XXVIe dynastie.

Haut., 34 cent.

5 — Dieu-Nome. Buste de jeune femme à gauche. Sur les côtés, fragments d'inscription.

Bas-relief en granit rouge de l'époque saïte. Cadre en bois.

Haut., 31 cent.; larg., 28 cent. 1/2.

6 — Statuette de Sekhet assise.

Modèle en calcaire. Haut., 36 cent.

7 — Deux fragments de bas-reliefs à contours en creux. L'un représente les deux Nils nouant des plantes de lotus au-dessous de deux cartouches au nom et au prénom de Psamétik II, l'autre, une figurine de Thot tenant la balance.

Pierre noire, montée sur velours.

Haut., 29 cent.; larg., 26 cent.
Haut., 36 cent.; larg., 10 cent. 1/2.

8 — Esclave recevant le fouet. Sculpture alexandrine en diorite.

Socle en vert antique. Haut., 10 cent.

Anciennes collections Hoffmann et Pollak.

FAIENCES ÉMAILLÉES

VERRERIE, SCULPTURES EN BOIS

9 — Œil mystique, en terre émaillée bleue, de très grande dimension. *L'ouza Hor,* l'œil d'Hor, menacé par Sit, sortait victorieux de toutes les épreuves ; aussi les vivants et les morts étaient mis sous sa protection.

Égypte. Époque des Lagides.

Haut., 12 cent. 1/2.

10 — Amphore ptolémaïque à couvercle, en faïence à couverte bleu turquoise. Les anses sont amorties par une tête humaine entre deux feuilles de lotus. Sur la panse, ceps de vigne et ornements géométriques en noir sur fond bleu.

Égypte.

Haut., 30 cent.

11 — Flacon en verre polychrome. Le col, à deux anses arrondies, est orné de chevrons blancs, jaunes, verts et bleus ; la panse, lenticulaire, d'un beau bleu cobalt, est ornée de fils agglutinés blancs et jaunes, simulant les tiges d'osier que l'on mettait autour des bouteilles de verre ; sur les côtés, une strie bleu turquoise.

Égypte. XVIIIe dynastie.

Haut., 10 cent.

12 — Flacon (alabastron) en verre polychrome. Chevrons jaunes et bleu turquoise, sur fond bleu cobalt.

Égypte. XVIIIe dynastie.

Haut., 9 cent. 1/2.

13 — Oënochoé à bouche trilobée, la panse ornée d'une spirale de verre agglutiné. Verre blanc à stries rouges. Superbe irisation nacrée.

Haut., 14 cent.

14 — Flacon en verre couleur ambre, à large embouchure et muni de deux anses en verre verdâtre. Superbe irisation dorée.

Syrie. IVe siècle après J.-C.

Haut., 9 cent.

15 — Grande bouteille en verre verdâtre, ornée d'une spirale de verre couleur écaille et munie de deux anses de même couleur.

Égypte. IVe siècle après J.-C.

Haut., 20 cent.

Ancienne collection Dattari.

16 — Flacon syrien en verre verdâtre, muni d'une anse à double anneau et de cinq autres anses plus petites, en verre émeraude. Sur le col, une spirale de verre agglutiné.

Syrie. IVe siècle après J.-C.

Haut., 10 cent 1/2.

17 — Quatre verres syriens, de formes différentes et de couleur bleu saphir.

Haut., 9-10 cent

18 — Adorante.

Bas-relief ajouré en bois de sycomore. Epoque saïte.

Haut., 16 cent.

BRONZES

ÉGYPTIENS ET ASSYRIENS

19 — Enseigne de procession. La barque sacrée est posée sur un crocodile, qui, à son tour, repose sur une colonne à chapiteau lotiforme. Les extrémités de la barque terminent en fleurs de lotus, soutenues par des figurines agenouillées. Au milieu de la barque, le naos, surmonté d'un épervier, offre, sur les quatre faces, en découpé, les images d'Isis et de Nephtys, étendant leurs ailes pour protéger la momie divine, et du scarabée ailé. Cette dernière image se trouve sur la porte du Naos qui est surmontée du disque et d'une rangée d'uraeus. Devant le Naos, deux obélisques et un adorant agenouillé, apportant des offrandes. Sur un des côtés de la barque, des hiéroglyphes nous apprennent que l'objet a été dédié à Ptah par l'Osiris Bast-ankh-s.

Socle en rouge antique.

Haut., 23 cent.

Ancienne collection Dattari, n° 409.

20 — Neith, coiffée de la couronne de la Basse-Égypte et vêtue d'une robe qui lui moule le corps, est assise sur un siège à base rectangulaire, les pieds sur un tabouret. Autour du socle, une inscription en caractères très élégants, autrefois niellés, nous dit que cette jolie statuette a été offerte à la divinité des arts et des sciences, par Amnéritis, fille de Parit-tati, afin qu'elle lui concède longue et heureuse vie.

Époque saïte. Socle en bois.

Haut., 18 cent.

Le nom d'Amnéritis était assez fréquent pendant la XXVe dynastie.

21 — Chatte couchée. Les yeux sont incrustés d'or et d'argent oxydé. A l'oreille gauche, un anneau d'or.

Époque saïte; d'un modelé remarquable. Socle en vert antique.

Long., 12 cent.

22 — Épervier couronné du pschent. Très jolie pièce finement ciselée.

Époque saïte.

Haut., 9 cent.

23 — Tête de Neith coiffée de la couronne du Nord.

Charmante sculpture en bronze, les yeux incrustés d'argent et niellés.

Époque saïte. Socle en rouge antique.

Haut., 8 cent.

24 — Sirène. Ravissant petit bronze alexandrin. Socle en rouge antique.

Haut., 6 cent. 1/2.

25 — Aphrodite au bain. Entièrement nue, ayant seulement sur la tête un grand diadème, orné de palmettes, elle s'arrête sur les degrés qui mènent à l'eau, pour arranger deux tresses de cheveux qui tombent sur ses épaules.

Alexandrie. Époque des Lagides. Très belle patine. Trouvée près de Luxor.

Haut., 27 cent.

26 — Lion couché.

Belle patine verte, marbrée de rouge et de bleu.

Assyrie. Socle en rouge antique.

Long., 9 cent.

SCULPTURES

GRECQUES ET ROMAINES

27 — Statue grecque (acéphale) du ve siècle av. J.-C. Elle est vêtue du lourd chiton à diploïdon et à larges plis, sous lequel on voit les manches à étoffe légère finement plissée.

Cette importante sculpture attique, de style sévère, servait de cariatide à la façade d'un temple.

Haut., 1 m. 30.

28 — Satyre cymbaliste. Un jeune satyre, couronné de pin, se livre à la danse. La tête légèrement penchée en avant, le sourire sur les lèvres, le regard absorbé, il est tout au plaisir du rythme que règle le choc des cymbales.

Le plaisir de la danse, la suprême élégance que donne le jeu rythmé des muscles à l'adolescent, l'ivresse de la musique et du grand air, sont exprimés avec tant de vérité, qu'il semble impossible que l'on puisse atteindre un plus haut degré de perfection. C'est probablement à Praxitèle qu'il faut attribuer la création de ce type. Carpeaux a repris ce motif dans son Génie de la danse, avec ce sentiment plus agité, qui était de son tempérament et de notre époque.

Marbre de Paros. Travail hellénistique du IIIe siècle av. J.-C. Trouvé à Rome. Restauration : les avant-bras et plusieurs éclats.

Haut., 1 m. 66.

29 — Tête d'Apollon, les cheveux relevés et noués au-dessus de la tête en krobylos.

Type de l'Apollon du Belvédère.

Très belle sculpture du IIIe-IIe siècle av. J.-C. Socle en rouge antique.

Haut., 33 cent.

30 — Tête d'Éros. Cette tête est empreinte d'un sentiment exquis de tristesse, les yeux rêveurs, la bouche boudeuse ; tournée de trois-quarts, elle penche sur l'épaule gauche.

Style praxitélien. Marbre de Paros. Socle en bois.

Haut., 23 cent.

31 — Portrait de Séleucus Ier, Nicator, général d'Alexandre le Grand et fondateur, en 312 av. J.-C., de la dynastie des Séleucides en Syrie.

Fragment de bas-relief. Cadre en noyer.

Haut., 13 cent.

32 — Tête d'Asclepios ou de Hades. Elle est empreinte d'une expression indéfinissable de souffrance et de tristesse compatissante. C'est ainsi que les sculpteurs italiens du XVIe siècle comprendront la douceur mélancolique de saint Jean-Baptiste.

On peut attribuer ce modèle à Bryaxis, élève de Lysippe. Marbre grec du IVe-IIIe siècle. Socle en porphyre.

Haut., 32 cent.

33 — Tête de jeune fille, les cheveux ondulés et noués en chignon sur la nuque. Aux oreilles, boucles en forme de croissant. Traces de polychromie.

Très jolie sculpture alexandrine du IIIe siècle av. J.-C. Socle en bois.

Haut., 19 cent.

34 — Buste de guerrier. Le haut de la tête, à peine dégrossi, montre qu'il était coiffé d'un casque, probablement en bronze.

Très belle sculpture grecque du IIe siècle av. J.-C. Marbre de Paros. Socle en rouge antique.

Haut., 28 cent.

35 — Tête de Dionysos archaïque.

Le dieu porte une longue barbe, frisée d'après la mode archaïque. La tête est ceinte d'une couronne de lierre et de corymbes et parée d'un *strophium* dont les bandelettes retombent sur la poitrine.

Hermès en marbre jaune, à imitation de l'ancien style. Trouvé à Pompéi. Socle en jaune antique.

Haut., 19 cent. 1/2.

Ancienne collection Warneck.

36 — Sphinx en marbre de Paros. Il est assis, les ailes droites soutenant la base d'un candélabre.

Ravissante sculpture de l'époque d'Auguste. Socle en marbre noir.

Haut., 42 cent.

37 — Tête de Clodius Albin (empereur, à Lyon, de 193 à 197).

Marbre blanc à veines violettes et couleur rouille. Trouvé à Rome. Socle en rouge antique.

Haut., 34 cent.

38 — Buste de Caracalla. Ce buste en marbre de Paros, a été trouvé en Égypte : il est d'un réalisme saisissant, et d'une facture remarquable. Nous connaissons les traits de Caracalla, surtout par le buste du musée de Naples, aux sourcils froncés, à l'attitude théâtrale ; cette sculpture alexandrine nous le montre sous un tout autre aspect.

Marbre alexandrin du IIIe siècle.

Haut., 61 cent.

39 — Tête de style antique : Niobide.

Marbre gris.

Haut., 21 cent.

BRONZES

GRECS ET ROMAINS

40 — Tête de griffon.

Bronze d'Olympie du VIe siècle, provenant d'un lébès. Socle en velours rouge.

Haut., 12 cent. 1/2.

41 — Lion irrité prêt à bondir.

Travail grec archaïque d'une très grande finesse.

Haut., 3 cent. 1/2.

42 — Pommeau de glaive, en bronze, orné d'un Gorgonéion.

Travail grec archaïque de la plus grande finesse.

Diam., 4 cent. 1/2.

43 — Protome de cheval.

Bronze grec archaïque.

Haut., 10 cent.

44 — Anse de vase chalcidien archaïque : Gorgonéion, lions et béliers accroupis.

Très belle patine. Socle en velours rouge.

Haut., 20 cent.

45 — Coré italique. Jeune fille debout, vêtue d'une robe collante et d'une tunique brodée. Elle soulève la robe de la main gauche et tend le bras droit avec le geste de l'adoration.

Très belle statuette archaïque. Superbe patine claire. Socle en rouge antique.

Haut., 19 cent.

46 — Éphèbe debout, le torse nu, le manteau enroulé autour du bras gauche.

Bronze italique du ve siècle av. J.-C. Très belle patine. Socle en porphyre.

Haut., 17 cent. 1/2.

47 — Berger portant des offrandes. Il est coiffé de la κυνῆ et vêtu d'un manteau court.

Trouvaille d'Andritzena. vi^{e} siècle av. J.-C. Socle en porphyre.

Haut., 8 cent.

48 — Sphinx accroupi.

Bronze de style ionien. Commencement du ve siècle av. J.-C. Socle en porphyre.

Haut., 7 cent. 1/2.

49 — Bouc se dressant.

C'est une des pièces les plus remarquables de l'art animalier antique. L'art grec a représenté souvent ce sujet sur les vases peints (voyez une coupe célèbre de Tleson). Le sculpteur italien, Andrea Briosco, dit Le Riccio, a repris avec succès ce motif.

Bronze grec du ve siècle av. J.-C. Publié dans le ***Musée***. Socle en rouge antique.

Haut., 19 cent.

50 — Nageur.

Bronze grec du ve siècle av. J.-C. Socle en marbre.

Haut., 7 cent.

51 — Aphrodite au kestos. Debout, le poids du corps reposant sur la jambe droite, la tête et le torse légèrement tournés à gauche, elle défait la bandelette qui entoure sa poitrine et, avec le bras droit replié, elle esquisse un geste de frisson. La chevelure, relevée et nouée sur le haut de la tête (korymbos), est ornée d'une ampyx en or : au poignet et à la cheville, des bracelets d'or.

Cette ravissante figurine, du IVe-IIIe siècle av. J.-C., a été trouvée dans le Sud de l'Italie.

Haut., 7 cent.

Ancienne collection Thompson.

52 — Vase grec en bronze, du Ve siècle. L'anse amortie par un sphinx, la panse finement gravée à décors géométriques.

Haut., 16 cent. 1/2.

53 — Vase grec pomiforme, à large embouchure trilobée. L'anse, d'une inflexion hardie, est amortie dans le bas par une belle tête de Dionysos, à la barbe frisée, à la chevelure ornée de bandelettes et, dans le haut, par une ravissante tête d'Éros qui semble plonger le regard dans l'intérieur du vase.

IVe siècle av. J.-C. Trouvé en Macédoine. Belle patine verte.

Haut., 25 cent.

54 — Héraclès filant avec la quenouille d'Omphale. La quenouille a disparu, mais le geste est bien typique. Ce ravissant bronze, d'un modelé très précieux, semble la réplique d'une œuvre de Lysippe.

Socle en porphyre.

Haut., 10 cent.

55 — Silène malade. Assis sur un rocher, près d'un tronc d'arbre brisé, le dos voûté, la tête inclinée lourdement, il tient des deux mains une coupe, qu'il a remplie de l'eau d'une source bienfaisante. A ses pieds, gisent, délaissés, le pedum, la flûte et le *céras*.

Bronze grec. Socle en rouge antique.

Haut., 8 cent.

56 — Éros dans la course au flambeau.

Bronze hellénistique trouvé à Bologne, en Italie. Socle en rouge antique.

Haut., 10 cent.

57 — Tête de Silène couronnée de lierre et de corymbes. Anse de situle.

Beau travail hellénistique.

Haut., 8 cent.

58 — Deux pieds chaussés de sandales.

Appliques de meuble hellénistique.

Haut., 9 cent.

59 — Petit vase piriforme. L'anse est amortie, dans le haut, par un aigle combattant un serpent et, dans le bas, par un buste de Faune.

Ravissant travail hellénistique.

Haut., 16 cent.

60 — Petit flacon de toilette en forme de tête d'Aphrodite.

Travail italique du IIIe siècle av. J.-C. Très belle patine.

Haut., 10 cent.

61 — Archer. C'est un jeune athlète, la tête rase avec une longue mèche pendant de l'occiput, il est debout, son corps souple et élancé, de proportions admirables, repose sur la jambe droite, la jambe gauche légèrement fléchie. Les deux bras sont levés, le gauche à hauteur de l'épaule, le droit au-dessus de la tête. Il vient vraisemblement de décocher une flèche et la suit du regard.

Le réalisme, le fin modelé et l'intensité d'expression de cette statuette, la désignent comme un des chefs-d'œuvre de la toreutique alexandrine.

Haut., 22 cent.

Ancienne collection Dattari.

62 — Vase en bronze, affectant la forme d'un buste d'Éthiopien.

Alexandrie. Époque des Lagides.

Haut., 13 cent.

63 — Prêtre debout, le manteau formant capuchon et enroulé autour du bras droit avancé.

Statuette gréco-égyptienne. Socle en jaune de Sienne.

Haut., 10 cent.

64 — Enfant drapé.

Art alexandrin. Socle en rouge antique.

Haut., 9 cent.

65 — Éros dansant.

Ravissante statuette alexandrine. Socle rouge.

Haut., 7 cent.

66 — Harpocrate-Panthée, nu et accoudé sur un tronc d'arbre, l'index de la main droite rapproché de la bouche. Il est coiffé du pschent, le manteau autour du bras gauche qui soutient la corne d'abondance, et pose le pied gauche sur un canard qui lui en mord les doigts.

Alexandrie. Époque ptolémaïque. Socle en rouge antique.

Haut., 8 cent.

67 — Faunisque dansant.

Bronze gréco-romain. Socle en rouge antique.

Haut., 6 cent. 1/2.

68 — Éros tirant de l'arc.

Ravissante statuette gréco-romaine. Socle en vert antique. Belle patine claire.

Haut., 8 cent.

Ancienne collection Lambros.

69 — Éros jouant à la *morra*.

Bronze gréco-romain. Socle en lapis.

Haut., 4 cent

70 — Vénus pudique. Coiffée d'un grand diadème incrusté d'argent, entièrement nue, les cheveux sur les épaules, elle tourne la tête avec un mouvement de surprise, essayant de voiler avec ses mains sa nudité. C'est l'attitude bien connue de la Vénus de Médicis.

Trouvée en Espagne. Socle en lapis.

Haut., 20 cent.

71 — Tête d'Agrippa. C'est un des portraits les plus frappants du grand général. L'artiste romain a exprimé admirablement l'énergie farouche, mais géniale, de celui qui, au nom d'Auguste, fonda l'empire romain. Il est intéressant de comparer cette image à celle en marbre du Louvre, d'un artiste grec, dont l'expression plus maniérée donne bien la différence entre le souple individualisme grec de cette époque et la puissante iconographie purement romaine.

Socle en rouge antique.

Haut., 30 cent.

Voyez Bernoulli, t. III.

72 — Tête de Faunisque, couronnée de roseaux. C'est évidemment le portrait d'un enfant avec les attributs d'un génie sylvain, et il offre toutes les caractéristiques de la physionomie de Néron.

Trouvé à Milan. Socle en vert antique.

Haut., 15 cent.

73 — Génie mithriaque. Coiffé du bonnet asiatique, vêtu d'une tunique et de pantalons *(anaxyrides)*, il avance, fléchissant les genoux, les bras tendus en avant. Il portait, probablement, une corbeille de fruits et de fleurs.

Charmante statuette du siècle d'Auguste. Belle patine claire. Socle en rouge antique.

Haut., 14 cent.

Ancienne collection Bardini.

74 — Buste de bacchante, couronné de pampres.

Poids de balance de l'époque d'Auguste.

Très belle patine. Socle en bois.

Haut., 12 cent.

75 — Tête de loup.

Grand déversoir de fontaine, d'époque romaine. Comparer avec les bronzes de la célèbre barque de Nemi, au Musée des Thermes.

Monté sur velours.

Diam., 20 cent.

76 — Petit vase en bronze, affectant la forme d'un ours assis. La partie supérieure de la tête se soulève et sert de couvercle ; sur les côtés, deux anneaux de suspension.

Travail alexandrin, d'époque romaine. Socle en velours.

Ancienne collection Dattari. Haut., 11 cent.

77 — Démos ou Génie tutélaire de ville. La tête surmontée d'une couronne murale, la chlamyde laissant le torse à nu, il tient de la main gauche une corne d'abondance et de la droite une patère.

Cette importante statuette, de l'époque romaine, a été montée sur un socle au xve siècle.

Haut., 30 cent.

Ancienne collection Bardini.

78 — Socle en bronze amorti dans le haut par des feuilles d'acanthe et ayant au centre, en applique, une tête de lion. Superbe patine.

Travail romain du IIe siècle après J.-C.

Haut., 1 m. 46.

79 — Heurtoir. Grand masque de lion, un anneau entre les crocs.

Travail romain du IIIe siècle. Monté sur marbre rouge.

Diam., 26 cent.

80 — Mercure debout, le manteau sur l'épaule gauche, la bourse dans la main droite.

Bronze romain du IIIe siècle. Socle en jaune de Sienne.

Haut., 12 cent. 1/2.

81 — Statue de ville assise, tenant dans la main gauche une corne d'abondance.

Rome. Époque de Constantin. Socle en velours.

Haut., 27 cent.

Ancienne collection Warneck.

82 — Lampe romaine en forme de cheval.

Constantinople. IVe siècle après J.-C.

Long., 20 cent. ; haut., 16 cent.

83 — Lampe chrétienne en bronze, à deux becs, et dont la poignée affecte la forme d'une tête de dragon surmontée d'une croix et d'une colombe.

Bénévent. ve siècle après J.-C.

Long., 18 cent; haut., 16 cent.

ARMES ANTIQUES

84 — Casque grec du ve siècle. Sur la calotte, volutes en relief et deux gros boutons.

Haut., 20 cent.

85 — Casque grec du ive siècle. C'est exactement la forme du casque qui se voit sur la monnaie de Bastareus, roi de Macédoine (vers 340 av. J.-C.).

Haut., 23 cent.

86 — Casque romain.

Haut., 19 cent.

87 — Muselière et frein de cheval, en bronze ajouré et finement gravé (serpents entrelacés au milieu d'ornements floraux).

Art grec du iiie siècle av. J.-C. Trouvé à Athènes. Socle en bois.

POTERIE

VASES CORINTHIENS ET ATTIQUES DU DIPYLON

88 — Athènes. Dipylon. Jouet d'enfant en forme de grenade. Décor géométrique : losanges, étoiles et croix gammées; dans le bas, frise d'oiseaux aquatiques. ixe siècle av. J.-C.

Haut., 12 cent.

Ancienne collection Lambros, n° 21.

89 — Corinthe. Vase de forme sphérique à couvercle et muni de deux anses. Sur la panse, deux frises : *a)* Sirène entre deux sphinx ; palmettes entre deux lions. *b)* Lions et lionnes, bouquetins paissant, sanglier. Sur le couvercle : Sirène, cerf, bouquetin, lions.

viie siècle av. J.-C.

Haut., 23 cent.

VASES ATHÉNIENS
A FIGURES NOIRES ET A FOND BLANC

90 — Athènes. Lécythe à fond blanc. Guerrier se dirigeant vers la droite et retournant la tête; il tient de la main gauche un arc et deux flèches et de la droite, une hache de guerre. La technique est spéciale: une peintureau moufle donnant, pour les chairs, des tons blancs bleutés, qui contrastent avec le fond blanc crème, et pour les vêtements et les armes, des tons violacés de différentes nuances. Sur l'épaule, palmettes.

Première moitié du ve siècle. Touvé en Sicile.

Haut., 39 cent. 1/2.

VASES ATHÉNIENS
A FIGURES ROUGES SUR FOND BLANC

91 — Athènes. Lécythe à fond blanc et à figures au trait rouge. Éphèbe et jeune femme apportant des offrandes auprès d'une stèle. Dans le haut, on voit l'âme (l'eidolon) qui vole vers la stèle.

Première moitié du ve siècle av. J.-C.

Haut., 34 cent.

92 — Athènes. Lécythe à fond blanc et figures au trait rouge. Jouvenceau tenant un flambeau et jeune femme parant une stèle.

Milieu du ve siècle av. J.-C.

Haut., 30 cent.

VASES ATHÉNIENS
A FIGURES NOIRES SUR FOND ROUGE

93 — Athenes. Amphore archaïque à couvercle. Tableaux réservés sur la couverte noire. Figures noires (traits incisés et rehauts blancs et rouges) sur fond rouge : *a)* Thésée tuant le Minotaure. *b)* Quadrige de face.

Fin du vi^{e} siècle av. J.-C.

Haut., 45 cent.

94 — Athènes. Petite coupe des Kleinmeister. Sur la couverte noire est réservé un ruban rouge à figures noires, dont les détails, gravés au trait, sont rehaussés de peinture rouge à l'engobe. Sujet : Héraclès combattant le lion de Némée.

vi^e siècle av. J.-C.

Haut., 10 cent.

95 — Athènes. Lécythe. Entre deux rochers, Héraclès étranglant le lion de Némée. Dans le champ, ceps de vigne, la massue, le carquois et l'arc.

vi^e siècle av. J.-C.

Haut., 19 cent.

96 — Athènes. Œnochoé à orifice trilobé. Athéna combattant le géant Encélade.

Fin du vi^e siècle av. J.-C.

Haut., 14 cent.

97 — Athènes. Petit Lécythe. Athéna montant sur un quadrige; devant elle, Héraclès, armé de l'arc et de la massue; derrière, Iolaos. Dans le champ, inscriptions fictives. Figures noires, rehaussées de blanc sur fond rouge. Bordure à damier.

Première moitié du ve siècle.

Haut., 17 cent.

VASES A FIGURES ROUGES SUR FOND NOIR

98 — Athènes. Lécythe. Deux cavaliers, armés de lances, s'élancent au galop vers la droite ; l'un d'eux est couronné de laurier. Devant les chevaux, l'inscription : ΓΛΑΥΚΩΝ ΚΑΛΟΣ ΛΕΑΓΡΟ.

Sur l'épaule, volutes et palmettes.

Première moitié du ve siècle av. J.-C.

Haut., 29 cent.

99 — Athènes. Lécythe, Eros debout, les ailes éployées, le corps de face, la tête à gauche ; il tient de la main droite un *thymiatérion* et de la main gauche une *œnochoé*. Dans le champ, trois lettres isolées : ΝΟΣ.

Milieu du ve siècle av. J.-C. Trouvé en Sicile.

Haut., 29 cent. 1/2.

100 — Athènes. Kylix. Femme nue, la tête couverte d'un *kekryphale,* orné d'une couronne de laurier; elle est agenouillée à droite, puisant du vin dans un pithos. Derrière, l'inscription : **XAIPI**.
Ravissant dessin de style attique du ve siècle av. J.-C.
Diam., 18 cent 1/2.

101 — Athènes. Coupe. Style d'Euphronios. Satyre, agenouillé, jouant aux boules.
ve siècle av. J.-C. — Diam., 16 cent.

102 — Athènes. Œnochoé à bouche trilobée, la panse en forme de tête féminine, coiffée d'un *sakkos,* orné de lierre.
Commencement du ve siècle av. J.-C.
Haut., 22 cent.

103 — Athènes. Couvercle de *lekané.* Le rapt d'Orithye. Le sujet se déroule en frise circulaire. Borée, courant vers la droite, saisit Orithye, tandis que deux nymphes s'enfuient épouvantées : plus loin, le vieux père, assis à gauche et tournant la tête à droite, est entouré de trois de ses filles, qui accourent pour lui raconter l'enlèvement de leur sœur, tandis qu'une quatrième converse avec un homme, debout devant elle. Entre les figures, les inscriptions : **ΚΑΛΟΣ** et **ΚΑΛΕ**.
ve siècle av. J.-C. — Diam., 33 cent.

104 — Athènes. Amphore : *a)* Déméter debout, tenant un flambeau et un sceptre. Inscription : **ΚΑΛΛΙΚΛΕΣ ΚΑΛΟΣ**. *b)* Jeune femme drapée faisant une libation.
ve siècle av. J.-C. — Haut., 34 cent.

105 — Athènes. Lécythe. Thamyris (**ΘΑΜΥΡΙΣ**) assis, de face, près d'un laurier, jouant de la lyre ; deux muses (**ΚΛΕΩ** et **ΕΡΑΤΟ**) l'écoutent ravies.
Fin du ve siècle av. J.-C.
Haut., 26 cent.

106 — Athènes. *Chous* à reliefs et dorures : Deux jouvenceaux, étendus sur des *klinés* de banquet, jouant à la *morra* avec Éros.
Commencement du IVe siècle.
Haut., 12 cent.

107 — Athènes. Aryballe à reliefs et dorures : Aphrodite et Éros parant de bijoux une statue de Cybèle.

IVe siècle av. J.-C.

Haut., 14 cent.

108 — Apulie. Peliké. *a) La Couronne de myrte.* Aphrodite est assise à droite ; un éphèbe et une jeune fille lui apportent des objets de toilette ; une colombe blanche vole vers elle, tenant dans ses serres une couronne de myrte. Dans un registre supérieur, Eros, conduisant un bige de daims, précédé par la colombe à la couronne de myrte. *b)* Génie androgyne et jeunes filles apportant des fleurs et des coffrets.

Style fleuri du IVe siècle av. J.-C.

Haut., 43 cent.

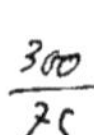

109 — Campanie. Peliké. *a)* La toilette d'Aphrodite. *b)* Éros dans une pose mélancolique, la main droite appuyée sur une vasque.

IVe siècle av. J.-C.

Haut., 23 cent.

Ancienne collection Lambros, n° 96.

VASES A RELIEFS

110 — Œnochoé tarentine à orifice trilobé et en forme de figurine, représentant le jeune Jacchos assis sur un autel et tenant un gâteau, dont un petit chien, faisant le beau, semble réclamer sa part. Devant l'autel, une coupe de libation.

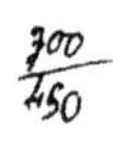

IVe siècle av. J.-C.

Haut., 15 cent.

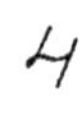

111 — Œnochoé tarentine à orifice trilobé et en forme de figurine, représentant le jeune Jacchos accroupi aux pieds d'un autel fleuri. Traces de peinture bleue et rose et de dorures.

IVe siècle av. J.-C.

Haut., 16 cent.

112 — Athènes. Grande amphore à couvercle conique. Vernis noir ; sur l'épaule, en relief, ornement simulant deux colliers d'or, dont les extrémités sont enroulées autour des anses.

Haut., 65 cent.

TERRES CUITES

DE LA GRÈCE ET DE L'ASIE-MINEURE

113 — Sarcophage de Clazomène. Dans le haut deux Niké, conduisant chacune une bige en sens inverse. Sur les montants, volutes et sphinx assis; dans le bas frise d'animaux.

Haut., 1 m. 97.

114 — Statuette archaïque de déesse assise, les bras cachés sous l'ample vêtement brodé, les cheveux bouclés et ornés du grand diadème matronal. Peinture noire et rouge.

Terre cuite athénienne du VIe siècle av. J.-C.

Haut., 19 cent. 1/2.

Ancienne collection Lambros, n° 114.

115 — Jeune femme debout, coiffée d'un chapeau à larges bords, la main droite derrière le dos; la gauche, abaissée, tient un éventail.

Tanagra. IIIe siècle av. J.-C.

Haut., 18 cent.

116 — Jeune Tanagréenne debout, drapée et tenant de la main droite, ramenée sur l'épaule gauche, un éventail.

Très jolie statuette du IIIe siècle av. J.-C.

Haut., 22 cent.

Ancienne collection Lambros, n° 122.

117 — Garçonnet assis, tenant une bourse de la main droite.

Tanagra. IIIe siècle av. J.-C.

Haut., 14 cent.

118 — Jeune femme debout, drapée dans son manteau.

Tanagra. IIIe siècle av. J.-C.

Haut., 12 cent.

Ancienne collection Warneck.

119 — Jeune Tanagréenne debout, drapée dans son manteau, la main gauche sur la hanche.

IIIe siècle av. J.-C.

Haut., 19 cent.

120 — Fillette debout.

Tanagra. IIIe siècle av. J.-C.

Haut., 13 cent.

121 — Jeune femme assise sur un rocher, dans une attitude pensive, entièrement drapée dans son manteau.

Statuette de Tanagra du IVe siècle av. J.-C.

Haut., 22 cent.

122 — Une jeune béotienne avance timidement, les mains cachées sous son long manteau.

Statuette de Tanagra du IVe siècle av. J.-C., ayant conservé le vernis polychrome qui ressemble à celui des lécythes à fond blanc et dont les pièces de choix étaient recouvertes.

Haut., 18 cent. 1/2.

123 — Grande statuette de femme debout, drapée, tenant de la main gauche un éventail.

Élide. IIIe siècle av. J.-C.

Haut., 28 cent.

Ancienne collection Lambros, n° 130.

124 — Tête féminine.

IVe siècle av. J.-C. Socle en velours.

Haut., 11 cent.

Collection Bourguignon.

125 — Tête féminine.

Grande-Grèce. IIIe siècle av. J.-C. Socle en velours.

Haut., 5 cent.

126 — Masque de comédie.

Grande-Grèce. IIIe siècle av. J.-C.

Haut., 8 cent. 1/2.

127 — Aphrodite à sa toilette. Elle est debout appuyée à un cippe, se regardant dans un miroir.

Grande statuette d'Asie-Mineure. Époque romaine.

Haut., 38 cent.

Ancienne collection Warneck.

ORFÈVRERIE ET OBJETS DIVERS

128 — Scarabée en or. Sur le plat, ornement formé de quatre serpents reliés par des volutes en losange.

Égypte. XIIIe dynastie.

Long., 2 cent.

129 — Paire de boucles d'oreilles en forme de croissant, d'où pend un épervier, tenant dans ses serres un boisseau rempli de graines.

Égypto-phénicien. Époque de la XVIIIe dynastie.

130 — Bracelet de jeune fille. Ruban à mailles. Fermoir affectant la forme d'une tête de lion dans une collerette ornée de palmettes et de feuilles de lierre en filigrane.

Macédoine. IVe siècle av. J.-C.

131 — Autre identique.

132 — Paire de boucles d'oreilles à tête de lion, sur une tige en spirale.

Grande-Grèce. IVe siècle av. J.-C.

133 — Autre plus petite.

Grèce. IVe siècle av. J.-C.

134 — Boucle d'oreille à pendentifs : feuilles de lierre, grain d'orge et rubis avec, en applique, deux colombes en or.

Grande-Grèce. IIIe siècle av. J.-C.

135 — Bague en or massif, à grand chaton sans gravure.

Macédoine. IVe siècle av. J.-C.

136 — Boucle d'oreille byzantine en or. Rectangle ajouré, d'où pend un rang de perles et un petit vase en or.

Égypte. Ve siècle après J.-C.

137 — Bague chrétienne du Ve siècle. Chaton surélevé avec croix ajourée.

Égypte.

138 — Bague chrétienne en or. Sur le chaton, l'inscription : ✠ ΔOMNINA.

Hongrie. IVe siècle après J.-C.

139 — Bague byzantine en or, le chaton en forme de dôme d'église.

Sicile. VIe siècle après J.-C.

140 — Tête de bélier en argent.
Travail grec de la belle époque.

Long., 9 cent.; larg., 11 cent.

141 — Isis-Hygie, en forme d'aspic à buste de femme, se dressant de toute sa hauteur.

Ravissante statuette en argent, de travail alexandrin. Socle en velours.

Haut., 8 cent.

142 — Trois plaquettes en nacre. Sur l'une d'elles, de forme ovale, est sculpté un aigle aux prises avec un serpent. Sur les deux autres, de forme ronde, l'on voit une tête de tigre et une tête de chien. Les yeux sont en émail.

Travail remarquable du IVe siècle de J.-C., trouvé en Égypte.

Hauteur de la plaquette ovale, 12 cent. 1/2.
Diamètre des rondelles, 6 cent. 1/2.

143 — Tête de lionne rugissante. Manche de couteau égyptien en ivoire.

Égypte. XVIIIe dynastie.

Haut., 18 millim; long., 43 millim.

144 — Tête de chien en ivoire.
Travail grec d'une grande finesse. IIIe siècle av. J.-C.

Haut., 12 millim.; long., 42 millim.

145 — Tête de femme, les cheveux ondulés.
Stéatite blanche. Travail grec de l'époque d'Auguste. Socle en bois.

Haut., 3 cent. 1/2.

146 — Tête de roi égyptien de l'époque saïte.
Modèle en cire.

Haut., 17 cent.

147 — Peinture égyptienne à fresque. Femme assise devant une table d'offrande.

Époque saïte. Cadre en bois.

Haut., 25 cent.; larg., 35 cent.

ART CHRÉTIEN

148 — Aiguière liturgique et patène en argent.

L'aiguière est de forme très élégante, le col élancé et orné de cercles concentriques, l'orifice à bec de canard, l'anse amortie près de l'orifice par une grenade et des fleurettes et, sur la panse, par deux tiges de lierre et un cep de vigne, le piédouche orné d'un rang de perles. Sous le piédouche, le poids en livres et onces.

La patère est ornée, sur le rebord, de cercles concentriques et d'un rang de perles. Sous le piédouche, le sceau d'un magistrat : Figure de Pallas assise, tenant un sceptre et un globe. Inscription : **ΑΒΑΛΛΑΤΟϹ ϹΦΡΑΓΙϹЄΝ**.

ve siècle de l'ère chrétienne.

Diamètre de la patère, 16 cent.; haut., 7 cent.
Hauteur de l'aiguière, 37 cent.

149 — Dalle fenestrée, servant aux recluses pour l'audition de la messe. Au milieu, en haut-relief, l'agneau pascal; au pourtour, rinceaux et ceps de vigne.

Sculpture en marbre du ve siècle.

Haut., 66 cent.

150 — Plaque en marbre blanc avec mosaïques polychromes, composées de tablettes de porphyre, de lapis-lazuli, de vert antique et de verroteries dorées. Au centre, dessin à résille; au pourtour, étoiles. Cette plaque orne la face principale d'un grand socle en bois.

Italie du sud, XIIIe siècle. A comparer avec les dalles du tombeau d'Innocent IV, à Naples.

Haut., 43 cent.; larg., 82 cent.

---

151 — Vitrine murale en acier. Porte ouvrante en deux parties. Deux tablettes sur supports à crémaillères.

Haut., 2 m. 30; larg., 1 m. 05; prof., 45 cent.

ART MUSULMAN

FAIENCES ÉMAILLÉES

DES XIIIe ET XIVe SIÈCLES

(FABRIQUES DE RHAGÈS ET DE SULTANABAD)

152 — Gobelet en faïence. Décor polychrome au petit feu sur fond blanc. Le sujet, tiré d'un roman persan, se déroule en douze tableautins, distribués en trois zones. Cette pièce est unique à cause de la perfection et la richesse de sa décoration, qu'on ne pourrait comparer qu'aux miniatures de la même époque, comme, par exemple, celles du manuscrit de Hariri de la Bibliothèque nationale (fonds Schefer 5847).

Perse (Rhagès), XIIIe siècle.

Haut., 11 cent. 1/2; diam., 11 cent.

40 000
39 500
Meyer Riefstahl

Publié dans Martin, *Miniature painting in Persia, India and Turkey* (London, 1913); et Henri Rivière, *la Céramique dans l'Art musulman* (Paris, 1913).

153 — Gobelet en faïence, à décor polychrome au petit feu sur fond blanc. Au pourtour, cinq personnages nimbés, assis et séparés par des ornements, en partie exécutés en relief. Les personnages sont habillés de robes de couleur richement dorées; on remarque aux bras, également en relief, les *thiraz* ou brassards tissés d'or que l'on voit dans les miniatures de la même époque.

Perse (Rhagès), XIIIe siècle.

Haut., 11 cent.; diam., 10 cent. 1/2.

12000
10500
Kalebdjian

cassé, recollé

154 — Fragment de gobelet. Fond d'émail blanc très brillant, à décor polychrome, cuit au moufle, avec traces de dorure. Frise de musiciennes assises, entre des cercles de légendes coufiques et d'oiseaux stylisés.

Perse (Rhagès), xiiie siècle.

Haut., 11 cent. 1/2.

155 — Fond de bol, à décor polychrome : un prince assis sur son trône, entouré de serviteurs. Traces de dorure.

Perse (Rhagès), xiiie siècle.

Diam., 11 cent.

156 — Bol à décor polychrome sur fond vert turquoise ; au centre, un couple d'amoureux, assis sous un arbre, avec quatre oiseaux autour d'eux. Sur le bord, inscription en caractères blancs sur fond noir. A l'extérieur, inscription noire sur fond turquoise.

Perse (Rhagès), xiiie siècle.

Haut., 6 cent. 1/2 ; diam., 15 cent.

157 — Bol à piédouche, avec dessins polychromes sur fond blanc. Le décor, en partie doré et en relief, est composé de rinceaux entrelacés formant une étoile. Sur le bord court une inscription coufique stylisée.

Perse (Rhagès), xiiie siècle.

Haut., 6 cent.; diam., 12 cent.

158 — Bol en faïence très épaisse, à émail blanc. Au centre, rosace dorée, et sur le bord, inscription coufique stylisée richement dorée. A l'extérieur, décor de palmettes en relief. La forme de cette pièce rappelle les céramiques chinoises de la période Sung.

Perse (Rhagès), xiiie siècle.

Haut., 11 cent.; diam., 21 cent 1/2.

159 — Bol à décor polychrome sur fond blanc. Deux systèmes d'arabesques superposés, l'un bleu pâle, l'autre vert, à rehauts rouges et à contour noir. Le style des arabesques rappelle, d'assez près, le décor des manuscrits arméniens. Sur le bord, inscription coufique bleu pâle, avec entrelacs verts à contour noir.

Perse (Rhagès), xiiie siècle.

Haut., 8 cent.; diam., 21 cent.

160 — Bol à décor radial. Fond bleu lapis très brillant, les ornements au petit feu, en blanc et rouge avec paillettes d'or.

Perse (Rhagès), XIIIe siècle.

Haut., 6 cent. 1/2; diam., 15 cent.

161 — Grand vase en forme de balustre, à décor mordoré sur fond blanc, avec rehauts en bleu cobalt et bleu turquoise. Autour de la panse, frise de six personnages assis, de caractère mongol, sur fond à décor de rinceaux et d'oiseaux, comme sur les plaques de revêtement de la même époque. Sur le col, sur l'épaulement et à la base, des inscriptions en vers.

Perse (Rhagès), XIIIe siècle.

Haut., 33 cent.

162 — Assiette sur piédouche. Décor en lustre et bleu cobalt sur fond blanc : trois personnages, richement habillés, ornés de nimbes, sont assis sous un arbre, au bord d'un ruisseau. Au-dessus d'eux, un vol d'oiseaux. Sur le bord, inscription mi-effacée.

Perse (Rhagès), XIIIe siècle.

Haut., 6 cent.; diam., 20 cent.

163 — Bol à bords évasés, décoré à l'intérieur de dessins à reflets métalliques sur fond blanc : arabesques reliant des médaillons à personnages assis. Sur le bord, inscription coufique, et, à l'extérieur, feuillages stylisés.

Perse (Rhagès), XIIIe siècle.

Haut., 8 cent.; diam., 19 cent.

164 — Assiette à bords godronnés et à marli festonné, décorée de dessins à reflets métalliques jaune clair sur fond blanc; au centre, un médaillon avec une biche couchée ; dans les godrons et au marli, feuillages et branches fleuries.

Perse (fouilles de l'Arag), XIVe siècle.

Diam., 23 cent.

165 — Bol à profil droit. Fond blanc, peinture sous émail en bleu cobalt et noir. Deux bandes noires croisées partagent le champ en quatre compartiments ornés d'un arbre stylisé (l'arbre Hom)

avec deux oiseaux affrontés, motif connu déjà par les tissus sassanides.

Les bandes offrent un quatrain en sgraffito blanc, qui renferme les doléances d'un amant et cette ruse naïve pour se faire aimer :

> Puisque tu ne peux m'aimer un seul instant
> Ne meurtris pas davantage mon cœur déjà blessé
> Sois moins dure, moins tyrannique envers moi
> Jusqu'à ce que, petit à petit, mon cœur se détache de toi.

Perse (Rhagès), XIIIe siècle.

Haut., 9 cent. ; diam., 22 cent.

166 — Bol à profil droit, orné de peintures sous émail en bleu cobalt et noir, sur fond blanc. Deux bandes noires croisées partagent le champ en quatre compartiments, décorés, les uns, de fleurs stylisées et d'inscriptions coufiques ; les autres, d'un semis de folioles bleues. Les bandes radiales contiennent, en sgraffito, un quatrain amoureux. L'extérieur est à décor d'arabesques bleues sur fond blanc.

Perse (Rhagès), XIIIe siècle.

Haut., 10 cent. ; diam., 21 cent. 1/2.

167 — Plat creux. Décor à feuillage stylisé, avec quatre médaillons symétriques, en bleu turquoise et cobalt, cerné de noir.

Perse (Sultanabad), XIIIe siècle.

Diam., 23 cent.

168 — Bol à rebord épais. Décor à feuillage stylisé et entrelacs en bleu turquoise et cobalt, cerné de noir sur fond blanc. A l'extérieur, inscription coufique stylisée.

Perse (Sultanabad), XIIIe siècle.

Haut., 11 cent. ; diam., 21 cent.

169 — Plat ayant au centre une grande rosace florale en noir, bleu turquoise et cobalt sur fond blanc. Au pourtour, frise de petits médaillons et inscription coufique très stylisée.

Perse (Sultanabad), XIIIe siècle.

Diam., 31 cent.

170 — Petit bol à décor de feuillage stylisé en bleu turquoise et cobalt sur fond blanc.

Perse (Sultanabad), XIIIe siècle.

Diam., 14 cent. 1/2.

171 — Grande aiguière en faïence à émail bleu turquoise et à dessin en noir et bleu cobalt. La panse est enveloppée d'une résille également recouverte d'émail bleu et ornée d'un sujet en relief : un arbre entre deux sphinx affrontés, qui se répète trois fois au milieu d'entrelacs ajourés. Le goulot affecte la forme d'une tête de coq et l'anse simule une tige noueuse. Dans le bas, près du piédouche, une frise de poissons stylisés. Le style de la pièce entière rappelle les aiguières en bronze sassanides.

Perse (Rhagès), XIIIe siècle.

Haut., 28 cent.

Publié par M. Henri Rivière, dans son ouvrage *la Céramique dans l'Art musulman.*

172 — Petit plat à couverte bleu turquoise ; décor en relief : au centre, trois poissons et, sur le bord, une frise de rosaces de six globules.

Perse, XIIIe siècle.

Diam., 20 cent. 1/2

173 — Deux pièces de faïence persane : un petit bol à deux anses zoomorphes et un petit bol, décorés de rinceaux noirs sur fond turquoise.

Perse, XIVe siècle.

VERRES ARABES ÉMAILLÉS

DES XIIIe ET XIVe SIÈCLES

174 — Godet de lampe arabe en verre blanc translucide; la surface est couverte d'un semis de fleurs de lys en émail rouge; au centre, une frise à dorures rehaussées de traits en émail rouge, représentant une course de biches, se déroule au milieu de fleurettes en émail bleu, jaune, rouge et blanc.

Travail syrien, XIIIe siècle. Trouvé en Crimée.

Haut., 14 cent.

175 — Godet de lampe, en verre blanc translucide, orné d'une frise avec inscription en or sur fond d'émail bleu ; au-dessous, poissons au trait rouge.

Travail syrien du XIIIe siècle. Trouvé en Crimée.

Haut., 12 cent. 1/2.

176 — Godet de lampe arabe, en verre blanc translucide, orné d'une frise émaillée avec inscription en caractères neskhi, interrompue de médaillons, décorés de trois boules blanches sur fond bleu.

Travail syrien. Trouvé en Crimée.

Haut., 13 cent.

FAIENCES ET PORCELAINES
ORIENTALES
DES XVIe ET XVIIe SIÈCLES

177 — Cruche avec couvercle, à panse sphérique et à col cylindrique. Sur un fond d'émail bleu cobalt sont semés des médaillons à réserve blanche, ornés de fleurettes à trois pétales en bleu turquoise et violet manganèse. Le motif des médaillons est peut-être une dérivation du *tschintamani* bouddhique et se trouve très fréquemment sur les tissus et tapis persans et turcs des xve et xviie siècles. Anse coudee à décor bleu.

Faïence de Damas, xvie siècle.

Haut., 22 cent.

Exposition des Arts musulmans de Munich, n° 1526.

178 — Plat rond. Médaillon central, à décor floral. Sur le bord, frise de huit œillets stylisés ; le tout en bleu et vert olive sur fond blanc.

Faïence de Damas, xvie siècle.

Diam., 28 cent.

179 — Plat en faïence d'Anatolie (faussement dite « de Rhodes »). Au centre, bouquet de tulipes roses et jacinthes ; sur le bord, frise composée de nuages chinois *(tchi)*. Email rouge de bolus, cobalt et vert sur fond blanc.

Anatolie, xvie siècle.

Diam., 29 cent.

180 — Grand plat en porcelaine, imitation de Chine de l'époque Ming, à décor bleu sur fond blanc. Au centre, un vol de grues (symbole chinois de longévité).

Perse, xviie siècle.

Diam., 39 cent.

181 — Carreau de revêtement, orné de médaillons et de rinceaux stylisés, en bleu turquoise, cobalt et vert sur fond blanc.

Faïence de Damas, XVIe siècle.

182 — Grand bol de Kutahia, orné de peintures alternées, bleu sur fond blanc et en camaïeu bleu cendré sur cobalt. Médaillon central avec arabesques, entouré d'un décor radial à fleurs stylisées. A l'extérieur, semis de fleurs bleues sur fond blanc ; sur le piédouche, godrons et fleurettes.

Anatolie (Kutahia), XVIe siècle.

Haut., 27 cent.; ouvert., 34 cent.

Cette remarquable pièce provient de la collection Spitzer. Le South Kensington possède un bol analogue et un autre a figuré à l'Exposition des Arts musulmans de Munich (collection Brauer).

183 — Plaque de revêtement, décor d'arabesques bleu et blanc.

Anatolie (Kutahia), XVIe siècle.

Haut., 9 cent. 1/2; larg., 30 cent.

BRONZES

INCRUSTÉS D'OR ET D'ARGENT

DES XIIe, XIIIe ET XIVe SIÈCLES

184 — Grand bassin en bronze, à bord dentelé et à décor gravé. Au centre, grand médaillon à entrelacs, entouré de deux frises, l'une d'animaux se pourchassant, interrompue par des rosaces ; l'autre, d'inscriptions coufiques stylisées. Sur le bord, une série de rosaces, entourée d'inscriptions stylisées. Patine verte.

Perse (Hamadan), XIIe siècle.

Haut., 11 cent.; diam., 51 cent.

185 — Petit plat à rebord en cuivre, incrusté d'or et d'argent. Au centre, un soleil ; au pourtour, cercles superposés et entrelacés, les uns, à décor géométrique, les autres, avec des oiseaux affrontés. A l'extérieur, inscriptions en argent, interrompues de rosaces incrustées d'or.

Perse (Hamadan), XIIIe siècle.

Diam., 14 cent.

186 — Tabouret en bronze, richement gravé et incrusté d'argent.

Plateau supérieur : Au centre, un soleil dans un médaillon, relié par des entrelacs à six autres médaillons incrustés d'argent, dans lesquels sont représentés des musiciens, des chasseurs et des personnages assis. Sur le rebord, courent des inscriptions en partie anthropomorphes, interrompues par des sujets de chasse (animaux et oiseaux de proie).

Le corps du tabouret est divisé en cinq zones, dont la principale offre quatre scènes somptueusement incrustées d'argent : *a)* un roi, assis sur son trône, entouré de ses serviteurs et couronné par des Victoires ; *b)* chasseur s'apprêtant à monter sur son cheval ; *c)* faucon de chasse poursuivant un héron ; *d)* deux cavaliers, chassant à l'aide d'un léopard ; *e)* le retour des chasseurs, chargés de leur butin. Les différentes scènes sont séparées par des médaillons finement incrustés, à dessins d'arabesques et d'animaux.

La grande frise centrale est bordée, en haut et en bas, par deux zones, avec scènes de buveurs et de musiciens, lesquelles sont séparées par deux bourrelets à guirlande de laurier, de deux autres frises qui ornent la partie évasée du tabouret, et qui contiennent des médaillons avec les signes du zodiaque et des scènes diverses.

Le plateau inférieur du tabouret contient une grande rosace centrale, semblable à celles des reliures arabes d'Égypte, entourée de deux frises à inscriptions, l'une en neskhi, l'autre en écriture coufique, interrompues six fois par le cachet de Salomon.

Cette pièce, encore inédite, est destinée à prendre une place importante dans la série des cuivres incrustés. Elle a été trouvée en Égypte.

Mésopotamie (Mossoul), XIIIe siècle.

Haut., 25 cent. ; diam., 25 cent.

187 — Cassette hexagonale en cuivre incrusté d'argent et niellé. Sur le couvercle, ainsi que sur les parois, des médaillons à arabesques ou avec l'inscription : « Puissance à notre seigneur le Sultan ».
Égypte, XIVᵉ siècle.

Collection du Duc de la Verdura.

MANUSCRITS

188 — Manuscrit du Khamsé de Nizami, en excellente écriture nastaliq et décoré de neuf belles miniatures, d'une rosace et de deux pages décoratives, de style mongol, caractéristiques de la deuxième moitié du XVᵉ siècle. A la fin du livre, le « Makhzan al-Asrar » (le premier des cinq poèmes contenus dans le « Khamsé »), porte la date du 5 du mois de Radjab de l'année 847 de l'Hégire (1443 de l'ère chrétienne). Sur le dernier feuillet se trouve, en outre, la date du 20 du mois de Chavval de l'année 849 de l'Hégire (1445 de l'ère chrétienne). Le calligraphe est : Mahmud ibn Mohammed ibn Yussuf at-Tustari de Abarquh (Perse), qui a mis deux ans à composer ce manuscrit. La rosace, sur le premier feuillet (recto), mentionne les titres des différentes poésies contenues dans le Khamsé. Au milieu de la page se trouve un distique arabe : « Que le possesseur de ce livre ait la fortune, la santé et la vie aussi longtemps qu'un pigeon roucoule. »
École de Herat ou de Samarcand.

189 — Superbe manuscrit des poèmes de Hafiz, provenant probablement de la bibliothèque du prince Abû'l-Musaffir, enluminé par Scheik-Sadé, Sultan Mohammed et Mirek, artistes les plus réputés du commencement du XVIᵉ siècle.

Les plus beaux manuscrits écrits à cette époque pour la cour de Sultan Hussein Mirza ou de Schah Ismail ont pris, sous Baber et sous Akbar, le chemin des Indes, où ils enrichissaient les bibliothèques des grands Mogols. L'invasion de Nadir Schah les ramena en Perse, d'où les vicissitudes des dernières années les ont fait sortir.

Le manuscrit présent est un des plus beaux spécimens de cette série de chefs-d'œuvre ; il est en parfait état de conservation, sauf pour une feuille qui a été probablement arrachée, afin de cacher l'origine royale de ce livre ; la reliure, de l'époque, est un des rares spécimens de reliures en laque du XVIe siècle.

Sur la dernière miniature, nous lisons la date de 916 de l'Hégire (1510 de l'ère chrétienne) et, sur la première page, se voit un cachet qui, malheureusement, a été gratté et recouvert d'une couche d'or.

Les deux pages portant le titre (le « unwan ») sont d'une exécution remarquable.

La première miniature représente une scène de polo, jeu d'origine orientale, qui a inspiré les artistes persans dès le XIIIe siècle. Plusieurs joueurs portent un turban décoré d'une plume d'autruche, qui est caractéristique aux débuts de l'époque séfévide. Au premier plan, on voit de nombreux personnages, aux physionomies personnelles, qui discutent les phases du jeu. Cette miniature est probablement de Scheik-Sadé.

La deuxième miniature représente un couple d'amoureux assis sur un tapis, dans un jardin fleuri, sous un dais très riche. Autour d'eux, s'empressent des serviteurs ; des musiciens et deux danseuses égayent le couple princier. Au premier plan, coule un ruisseau au milieu d'un parterre de roses trémières, de pensées, de narcisses et d'iris noir. Cette miniature peut être attribuée à Mirek ; nous y retrouvons le type de femmes qui lui est particulier ; la composition, également, rappelle d'autres œuvres du même artiste.

La troisième miniature représente une scène dans une mosquée : on voit un pénitent agenouillé devant le minbar de cette mosquée et un groupe de personnages assis sur un riche tapis. Dans le bas, en caractères microscopiques, on lit la signature de Scheik-Sadé, dont les miniatures signées sont excessivement rares.

La quatrième miniature offre une scène de festin dans un jardin, auprès d'un palais. Au centre est assis le prince Abû'l-Musaffir, entouré de courtisans et convives. Sur la terrasse de la maison, plusieurs personnages. Sur la porte de droite, se lit le nom du sultan Abûl'-Musaffir Sâmir-î-Mîrân, pour lequel Sultan Mohammed a exécuté cette précieuse miniature. Le tapis, devant le trône, contient la signature de l'artiste : « Œuvre de Sultan Mohammed » et les vœux suivants de bonheur à l'adresse du prince : à gauche, en bas : *qu'il ait le bonheur ;* à droite, en bas : *que la victoire soit avec lui ;* à droite : *qu'il ait longue vie ;* à droite, en haut : *que la victoire soit avec lui ;* à gauche : *que son règne soit glorieux.*

La cinquième miniature représente une scène de débauche dans un jardin. Des buveurs, plus ou moins sous l'influence de la boisson, écoutent des musiciens grotesques (type indentique à celui d'une miniature de la collection Goloubew), tandis qu'un autre personnage embrasse le pied d'une musicienne. Au fond, un pavillon : dans la cave, l'échanson tirant du vin de grandes jarres ; en haut, un vieillard se regardant dans un miroir et un groupe de buveurs, dont l'un se fait monter du vin dans une aiguière attachée à une corde. Sur la terrasse, des anges ailés participent également à cette débauche. Sur la porte, à gauche, se trouve la signature de maître Sultan Mohammed et la date 916.

La reliure est richement laquée. Dans un médaillon central, deux personnages dans un jardin ; dans les quatre coins, des anges ailés ; le tout, bordé de rinceaux peints en or.

Cité par M. Martin, dans son ouvrage : *Miniature Painting, etc.*, p. 116.

Exposé au Musée des Arts décoratifs, Paris, 1912 ; plusieurs pages ont été reproduites dans l'ouvrage de MM. Marteau et Vever sur cette exposition

190 — Manuscrit du Tuhfat-ul-Ahrar par Djami, série de romans en vers à l'imitation du Khamsé de Nizami. Excellente écriture Nastaliq. Il porte la date 1031 de l'Hégire, mais l'écriture imprécise de la date, fait supposer qu'elle a été ajoutée après coup. Le manuscrit semble appartenir à une époque antérieure (milieu du XVIe siècle), à en juger d'après le caractère des trois miniatures, qui peuvent être attribuées à Scheik-Sadé, élève de Behzad.

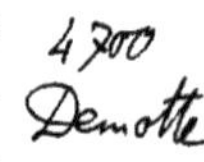

191 — Recueil de poésies de différents poètes du XVIe siècle. Belle écriture Nastaliq. Une partie des feuillets finement décorée au pochoir et à la plume. Entre autres, poésies par Saadi, Hafiz, Khadja Ismaël de Bokhara, etc.

Perse, XVIe siècle.

ART CHINOIS

CÉRAMIQUE

192 — Petit bol à émail, dit « clair de lune », à taches rouges, réparé à la laque d'or.
Chine, période Yuan (1280-1368).
Diam., 8 cent.

193 — Petit plat à émail dit « clair de lune », à tache rouge.
Chine, période Yuan.
Diam., 12 cent.

BRONZES

194 — Miroir en bronze chinois (alliage de cuivre, étain et argent), orné de deux zones d'animaux se poursuivant.
Chine, période Han (286 av. J.-C.-221 apr. J.-C.).
Diam., 14 cent. 1/2.

195 — Statuette de divinité, bronze doré.
Style de la période Tang, datant du commencement des Ming, XIVe siècle.
Haut., 12 cent.

196 — Oiseau stylisé, bronze doré.
Commencement des Ming, XIVe siècle, style Tang.
Haut., 11 cent. 1/2.

197 — Statuette de Bouddha assis, bronze doré.
Chine, commencement des Ming.
Haut., 12 cent.

SCULPTURES EN PIERRE

198 — Grande tête de Bouddha aux cheveux bouclés en granit noir.
Chine, période Wei (386-549 apr. J.-C.).
Haut., 45 cent.

199 — Statue de Kwan-yin ou de donatrice, marbre blanc avec traces de polychromie ancienne.
Période Tang (618-907 apr. J.-C.).

Exposition d'art bouddhique au Musée Cernuschi, 1913, nº 507, provenant de Yun-kang.

PEINTURES CHINOISES

200 — Pivoines blanches, roses et mauves. Peinture sur soie.
Chine, période Sung (910-1280 apr. J.-C.).

Haut., 1 m. 24; larg., 45 cent.

201 — Cigognes; à gauche, un groupe de bambous. Peinture sur soie.
Chine, période Sung.

Haut., 39 cent.; larg., 50 cent.

202 — Cavalier mongol, à turban bleu et à caftan rouge, tenant un cheval par la bride. Au fond, paysage montagneux.
Chine, période Yuan.

Haut., 89 cent.; larg., 40 cent.

203 — Cygne blanc volant à travers des feuilles de lotus.
Chine, période Sung ou Yuan. Pièce signée.

Haut., 98 cent.; larg., 73 cent.

204 — Groupe de fleurs (pivoines) et champignons (symbole de longévité), au pied d'un vieux tronc d'arbre, au bord d'un ruisseau.
Chine, commencement des Ming.

Haut., 1 m. 20; larg., 61 cent.

205 — Deux jeunes femmes sur une terrasse, sous un groupe d'arbres, dont l'une, appuyée à une table, et traçant des vers sur un rouleau de papier.
Chine, période des Ming.

Haut., 1 m. 02; larg., 46 cent.

206 — Dame en robe rouge, couchée, derrière elle, sa servante qui lui apporte un chandelier.
Chine, période Ming.

Haut., 47 cent.; larg., 75 cent.

207 — Nature morte : trois sauterelles et un plant de fraises.
Chine, période Ming.

Haut., 25 cent.; larg., 33 cent.

ART JAPONAIS

208 — Grand paravent à six feuilles, attribué à Kano Yeitoku, un des grands maîtres de l'école Kano de la deuxième moitié du XVIe siècle, particulièrement connu pour ses grands paravents sur fond d'or.

La scène représentée est une légende du Japon féodal, racontant les faits de l'archer Nasu-no Yoichi Minetaka, dans la bataille de Dan-no-ura (1185), où la famille des Taira fut définitivement vaincue par la famille des Minamoto. Le dernier empereur de la famille des Taira, le jeune Antoku et sa femme Nii-no-Ama, furent obligés de se réfugier de Tokio au temple de Itsukumisha. Le prêtre de ce temple remit à Antoku un éventail avec la représentation du disque rouge du soleil, en lui disant que cet éventail contenait l'âme de l'empereur Takakura, un de ses prédécesseurs, et qu'il aurait la faculté miraculeuse de faire retourner les flèches que les ennemis tireraient sur Antoku. Ce charme fut rompu par Munetaka, qui, par une flèche, coupa la corde attachant l'éventail au mât du bateau, dans lequel se trouvait Antoku et Nii-no-Ama.

Le paravent représente, à gauche, les partisans des Minamoto poursuivant la flotte des Taira le long du bord de la mer. Munetaka s'est avancé dans les flots et vient de tirer la flèche avec laquelle il a détaché l'éventail. On remarque, à droite, la flotte des Taira et l'impératrice Nii-no-Ama, sur la proue d'un des navires, levant son bras dans un geste de défi.

Peinture à la gouache, sur fond d'or. Japon, XVIe siècle.

Haut., 1 m. 61 ; largeur de chaque panneau, 55 cent.

TABLEAUX ANCIENS

ALLORI

(Attribué à ANGIOLO, dit LE BRONZINO)

Florence, 1502 ✝ Florence, 1572.

209 — *Portrait de Cosme de Médicis.*

En buste, tourné vers la droite, la tête et les regards dirigés vers la gauche, il est en armure, les cheveux bruns coupés courts.

Bois. Haut., 52 cent.; larg., 41 cent.

BLES

(HENRI MET DE)

Bouvignes, 1480 ✝ Liège, 1550.

210 — *Paysage.*

Dans un décor de rochers, qui occupent le premier plan, le peintre a placé, à droite, sur une route, l'épisode de la Fuite en Égypte.

La Vierge, assise sur l'âne et tenant dans ses bras son divin fils, est enveloppée d'un voile blanc. Saint Joseph marche en avant, un long bâton appuyé sur l'épaule. Au centre, une bergère étendue sur le sol, le haut du corps appuyé sur un tronc d'arbre, dort en compagnie de son chien.

Une large vallée s'étend à l'horizon, sous un ciel clair; des bateaux à voiles voguent sur un fleuve; à droite et à gauche, des collines escarpées. Un château fort s'élève au sommet d'une éminence boisée dominant toute la composition.

Bois. Haut., 26 cent.; larg., 32 cent.

ÉCOLE FRANÇAISE

XVIe siècle.

211 — *Portrait d'une jeune princesse.*

En buste, de trois quarts à droite, le regard dirigé vers le spectateur, elle est coiffée d'un haut chapeau de feutre noir rayé d'or à panache de plumes jaunes et roses. Ses cheveux blonds bouclés sont bouffants sur les oreilles. Elle porte autour du cou un collier de l'ordre de la Toison d'or, une robe noire, ornée de boutons de métal doré, un col montant échancré sur une petite fraise à tuyautés.

Bois. Haut., [illegible]9 cent.; larg., 20 cent.

Très beau cadre en bois sculpté à fronton et à cariatides, du temps de la Renaissance.

ÉCOLE DE FONTAINEBLEAU

XVIe siècle.

212 — *La Joyeuse Compagnie.*

A l'intérieur d'un palais de marbre, décoré de statues qui se dressent sous des niches, des dames et des gentilshommes se livrent à de nombreux divertissements. Au centre, un couple danse au son d'un orchestre facétieux : un homme masqué raclant un gril en guise de guitare, un autre tenant des pincettes en manière d'archet et les frottant sur un soufflet qui lui tient lieu de violon. Cependant, à droite, une jeune femme joue de l'orgue. Au premier plan, un couple assis chante. Dans le fond, divers personnages en sont encore aux libations, d'autres se livrent aux joies du trictrac ou s'abandonnent à des entretiens galants. A droite, une femme âgée se présente dans l'embrasure d'une porte, accompagnée d'une jeune fille, vêtue de bleu.

Cuivre. Haut., 35 cent.; larg., 43 cent.

ÉCOLE FLORENTINE

Commencement du XVe siècle.

213 — *La Mort de la Vierge.*

Elle est couchée, la figure découverte, le corps enveloppé dans un linceul bleu. Saint Jean, près d'elle, vu de dos, est agenouillé et pleure. Autour d'elle, les apôtres sont rangés : saint Pierre asperge le corps d'eau bénite, pendant que son voisin lit les prières des morts et que saint Paul balance au-dessus de la morte un encensoir d'or. Au fond, au-dessus du corps couché sur une draperie rouge, Jésus apparaît dans sa gloire, porté par le chœur des chérubins et bénissant la Vierge du signe de sa main droite, tandis que, sur son bras gauche, il tient l'enfant vêtu de blanc qui symbolise l'âme de sa mère. Quelques-uns des chérubins sont venus voltiger auprès de la tête de la Vierge, tandis que deux anges du troisième ordre, debout en aube blanche et aux ailes diaprées, tiennent des cierges.

Tous les nimbes qui sont autour des figures sont à décor perlé gaufré sur fond d'or.

Panneau. Haut., [illegible] cent. ; larg., [illegible] cent.

Vente Sellar, de Londres, 6 juin 1889, nº 18 du catalogue.
Vente J. Dollfus, Paris, avril 1912, nº 51 du catalogue.

ÉCOLE SIENNOISE

Fin du XIIIe siècle.

214 — *La Vierge et l'Enfant Jésus.*

La Vierge est représentée, à mi-corps, de face, la tête inclinée sur l'épaule ; la main droite est appuyée sur la poitrine, l'autre main porte l'Enfant Jésus vêtu d'une robe plissée et faisant le geste de la bénédiction. Un voile bordé d'un galon d'or, posé sur la tête de la Vierge, enveloppe sa robe rouge.

Les têtes se détachent sur des nimbes gaufrés. Fond d'or.

Bois. Haut., 72 cent. ; larg., 55 cent.

ÉCOLE DE VÉRONE

xve siècle.

215 — *La Circoncision.*

La scène se passe dans un temple à colonnade ouverte sur la campagne. L'Enfant Jésus est debout sur une table, les pieds dans un bassin : ses bras écartés sont maintenus par deux officiants, l'un en vêtement rose et toque rouge, l'autre en toque verte et habit rouge. Divers personnages les entourent.

A gauche, une femme apporte un vase d'orfèvrerie.

Bois. Haut., 17 cent. ; larg., 62 cent.

ÉCOLE VÉNITIENNE

xvie siècle.

216 — *Le Christ mort soutenu par les anges.*

Dans un site pathétique, où le ciel sombre apparaît illuminé des lueurs pourpres du soleil couchant, deux anges aux ailes ouvertes, l'un, drapé d'une tunique rose retombant sur une étoffe bleue ; l'autre, enveloppé de soie verte et jaune, sont debout, soutenant le corps inerte du Sauveur. Un linge blanc lui ceint la taille, et sa tête retombe sur son épaule.

Bois. Haut., 32 cent. ; larg., 25 cent.

Exposé au Burlington Club.

De savants critiques ont reconnu dans cette peinture, une œuvre de la jeunesse du Greco.

LIOTARD

(JEAN-ÉTIENNE)

Genève, 1702 † Genève, 1789.

PENDANT DU SUIVANT

217 — *Portrait de la Comtesse Friese.*

Vue jusqu'aux genoux, tournée de trois-quarts vers la gauche, le visage souriant au spectateur, elle est assise dans un fauteuil, le bras droit accoudé sur une table et tenant à la main un éventail. Sa haute coiffure poudrée et bouclée sur la nuque, est agrémentée d'un toquet de gaze et de rubans, orné de plumes et d'une rose blanche. Elle est vêtue de satin blanc bordé de fourrure brune, le corsage décolleté, aux manches courtes et à larges volants de dentelle. Sa main gauche est gantée de blanc et tient l'autre gant. Sur la table, on remarque une partition et, vers le fond, la partie supérieure d'une harpe.

Pastel.

Haut., 90 cent.; larg., 72 cent.

LIOTARD

(JEAN-ÉTIENNE)

PENDANT DU PRÉCÉDENT

218 — *Portrait du Comte Friese.*

Assis dans un fauteuil couvert de damas bleu, le corps tourné de trois-quarts à droite, il est vu jusqu'aux genoux, coiffé d'une perruque à catogan, vêtu d'un habit rouge, aux boutons dorés, et ouvert sur un gilet de brocart qui laisse échapper sur la poitrine le jabot de dentelle. La main droite appuyée sur l'autre main, tient une plume. Derrière lui, un bureau est chargé de feuillets de papier et on lit, sur l'un d'eux, cette mention : « Compte pour l'année 1762 », qui date sans doute ces pastels.

Pastel.

Haut., 90 cent.; larg. 72 cent.

MEUSNIER et PATER

(PHILIPPE) (JEAN-BAPTISTE-JOSEPH)

Paris, 1655 † Paris, 1734. Valenciennes, 1695 † Paris, 1736.

219 — *Réunion dans un palais.*

Dans un palais décoré de pilastres, de colonnes, de statues dorées dans des niches, de fontaines jaillissantes, et dont la voussure est ornée de peintures, d'élégants personnages sont réunis, au premier plan, sous une rotonde. A droite, on a dressé une table, couverte d'une nappe blanche, sur laquelle est servie une collation. Un homme, en veste rouge, est vu de dos, sur un tabouret. Une dame, en robe bleue, s'occupe d'une fillette appuyée sur ses genoux ; d'autres personnages l'entourent. Parmi eux, on remarque un homme coiffé d'un turban ; un petit chien, jouant sur le dallage de marbre, convoite un plat que porte un serviteur. Deux autres personnages, se présentant à droite, sont debout sous une baie cintrée.

A gauche, des musiciens sont groupés devant une desserte chargée de fruits et de vaisselle d'orfèvrerie. Une jeune femme, debout, pince du luth. Une autre est assise, tenant une partition ouverte sur ses genoux et semble chanter en battant la mesure de la main droite ; un artiste, coiffé d'une toque rouge, debout derrière la chanteuse et incliné sur son épaule, joue de la flûte. Près des musiciens, un page est agenouillé devant un bassin de vermeil où des bouteilles rafraîchissent.

Au second plan, une galerie décorée de bustes élevés sur des socles, s'ouvre, dans le fond, sur un parc à la française. Un couple se présente, le cavalier tenant par la main la dame qui relève un pli de sa robe jaune.

Toile. Haut., 64 cent. ; larg., 88 cent.

La composition architecturale et le fond de parc sont l'œuvre de Ph. Meusnier, les figures par Pater.

Cadre en bois sculpté.

POURBUS

(Attribué à FRANS)

Anvers, 1569 † Paris, 1622.

220 — *Portrait d'un gentilhomme.*

A mi-corps, de trois-quarts à droite, le visage presque de face, le front chauve, la barbe châtain tombant sur la fraise souple, il porte un pourpoint de soie noire.

On lit, à gauche : *Ætatis 38, anno 1614.*

Bois. Haut., 70 cent.; larg., 59 cent.

VERROCCHIO

(École d'ANDREA DEL)

Florence, xve siècle.

221 — Suite de trois panneaux :

a) Panneau central : *La Vierge, l'Enfant Jésus et deux anges.*

La Vierge est assise sur un trône de marbre, presque de face, la tête légèrement inclinée sur l'épaule, couverte d'un manteau bleu qui enveloppe sa robe rouge, un voile blanc sur le front, elle soutient sur ses genoux l'Enfant Jésus au visage souriant et lui offre un fruit. A droite et à gauche, deux anges, l'un vêtu de rouge et les mains jointes, l'autre en vert, les mains croisées sur sa poitrine.

Fond d'architecture décoré de marbres polychromes.

Panneau de forme ogivale. Haut., 1 m. 42 ; larg., 75 cent.

b) Premier panneau latéral : *Un Archange.*

Il est debout, les cheveux blonds bouclés, les ailes ouvertes, il brandit son glaive au-dessus de sa tête et tient, dans la main gauche, les balances du jugement dernier, dans lesquelles deux petites figures humaines personnifient des âmes.

Fond d'architecture décoré de marbres polychromes.

Panneau de forme ogivale. Haut., 1 m. 32; larg., 55 cent.

c) Deuxième panneau latéral : *Une Religieuse.*

Vêtue de noir, la tête couverte d'un voile blanc, elle est debout, déroulant dans chaque main des phylactères.

Fond d'architecture décoré de marbres polychromes.

Panneau de forme ogivale. Haut., 1 m. 32; larg., 55 cent.

OBJETS D'ART

ET DE HAUTE CURIOSITÉ

FAIENCES

222 — Vase décoré d'un mascaron de personnage barbu. Terre vernissée de l'époque gothique. (Trouvé dans la Seine.)

Haut., 18 cent.

Vente Gay.

223 — Aquamanile en forme de lion, décorée en jaune et vert. Ancienne terre vernissée du nord de l'Italie, XVe siècle.

Haut., 29 cent.

224 — Aiguière en faïence de Mantoue, fin du XIVe siècle, à décor gravé sur engobe simulant des feuillages.

Haut., 17 cent.

225 — Plat creux à décor gravé sur engobe, présentant un génie ailé placé au-dessus d'un lion et d'un cerf, et tenant une massue levée au-dessus de la tête. Au marli, des branchages. Faïence de Mantoue, fin du XVe siècle.

Diam., 41 cent.

226 — Aiguière présentant un médaillon contenant un buste d'adolescent, de profil, coiffé d'une toque et émaillé vert et jaune, le tout gravé sur engobe. Ancienne faïence de Mantoue.

Haut., 23 cent.

227 — Petit plat à décor gravé sur engobe, présentant, au fond, un buste d'homme de profil, coiffé d'une toque, et, au marli, des imbrications, le tout émaillé vert et jaune. Ancienne faïence de Mantoue.

Diam., 22 cent.

228 — Cornet de pharmacie, décoré de deux zones de motifs en spirale, le tout exécuté en bleu, vert et violet. Faïence italienne de la fin du xve siècle.

Haut., 23 cent.

229 — Cornet de pharmacie, présentant une biche couchée au milieu d'une couronne de feuillages. Sur le reste de la pièce, de menus rinceaux fleuris. Faïence italienne de la fin du xve siècle.

Haut., 32 cent.

230 — Cornet de pharmacie, présentant un écusson armorié aux armes du duc de Calabre, ainsi que des feuillages. Faïence italienne de la fin du xve siècle.

Haut., 30 cent.

231 — Cornet de pharmacie à deux anses, décoré de feuillages exécutés en bleu, vert et violet. Faïence italienne de la fin du xve siècle.

Haut., 20 cent.

232 — Cornet de pharmacie cylindrique, décoré de larges feuilles émaillées bleu et séparées par de petits motifs se détachant sur fond vert et violet. Faïence italienne de la fin du xve siècle.

Haut., 16 cent.

233 — Carreau décoré d'un hibou. Faïence italienne de la fin du xve siècle.

Haut., 15 cent.

234 — Carreau, présentant un archange monté sur un dragon. Faïence italienne de la fin du xve siècle.

Haut., 14 cent.

235 — Cornet de pharmacie, présentant un hibou entre deux arbustes. Sur le reste de la pièce, de larges feuilles. Faïence italienne de la fin du xve siècle.

Haut., 33 cent.

236 — Large cornet de pharmacie, cylindrique, à deux anses, présentant sur chaque face, un écusson d'armoiries encadré de rinceaux, le tout exécuté en bleu, vert et violet. Au bas de chaque anse, le sigle du décorateur. Faïence italienne de la fin du xve siècle.

Haut., 26 cent.

237 — Cruche, présentant un large motif feuillagé, encadré de spirales avec feuillage au déversoir. Elle est munie d'une anse. Faïence italienne de la fin du xve siècle.

Haut., 23 cent.

238 — Cornet de pharmacie, présentant les armes du duc de Calabre, ainsi que de larges feuilles. Sur le col, de petits motifs irréguliers. Faïence italienne de la fin du xve siècle.

Haut., 34 cent.

239 — Cornet de pharmacie, décoré d'un carrelage chargé de fleurettes et interrompu par une zone de petits motifs réguliers, le tout exécuté en bleu turquoise, gros bleu et jaune d'ocre. Faïence italienne de la fin du xve siècle.

Haut , 31 cent.

240 — Cornet de pharmacie, présentant un buste de personnage de profil, coiffé d'une toque. Près de lui, une inscription, et sur le reste de la pièce, de larges feuillages. Faïence italienne de la fin du xve siècle.

Haut., 33 cent.

241 — Large cornet de pharmacie, cylindrique, décoré de quatre bustes de personnages de profil, séparés par de larges feuilles, le tout exécuté en bleu, vert, jaune et violet. Faïence italienne de la fin du xve siècle.

Haut., 27 cent.

242 — Cornet de pharmacie, présentant un buste d'homme de profil, ainsi que de larges feuillages, le tout exécuté en bleu, vert, jaune et violet. Faïence italienne de la fin du xve siècle.

Haut., 32 cent.

243 — Cornet de pharmacie, décoré d'un carrelage chargé de fleurettes et émaillé bleu, vert et jaune d'ocre. Faïence italienne de la fin du xve siècle.

Haut., 32 cent.

244 — Cornet de pharmacie, décoré d'une multitude de petits motifs réguliers, émaillés bleu et jaune. Faïence italienne de la fin du xve siècle.

Haut., 32 cent.

245 — Cornet de pharmacie, muni d'une petite anse et décoré de motifs réguliers en camaïeu bleu, avec frises de rinceaux à l'épaulement et au col. Faïence italienne de la fin du xve siècle.

Haut., 18 cent.

246 — Petit plat à décor dit berettino. Au centre, les armes d'un évêque. Au marli, des griffons adossés, des rinceaux et des cornes d'abondance. Au revers, la marque de la Casa Pirota. Ancienne faïence de Faenza.

Diam., 23 cent.

247 — Deux cornets de pharmacie en ancienne faïence de Faenza, présentant une inscription pharmaceutique au milieu de menus rinceaux. Sous l'inscription, un écusson d'armoiries.

Haut., 16 cent.

248 — Cornet de pharmacie, décoré de rinceaux fleuris, présentant une inscription pharmaceutique, le tout exécuté en bleu rehaussé de violet et de jaune. Ancienne faïence de Faenza.

Haut., 20 cent.

249 — Vase de pharmacie à deux anses, présentant un buste de personnage de profil, coiffé d'une toque et encadré de palmettes. Au-dessous du buste, une inscription pharmaceutique. Ancienne faïence de Faenza.

Haut., 22 cent.

250 — Écritoire composée du lion de Saint-Marc, dressé sur une base décorée d'entrelacs et de feuillages. Ancienne faïence de Faenza.

Haut., 23 cent.

251 — Bas-relief présentant la Vierge, vue à mi-corps, amplement drapée et tenant l'Enfant Jésus nu, debout, qui lui passe la main autour du cou. Ancienne faïence de Faenza.

Haut., 49 cent.; larg., 34 cent.

252 — Vase à panse ovoïde, décoré d'une zone de motifs irréguliers, placés entre deux zones chargées de fleurettes et d'oves simulées. Ancienne faïence de Faenza.

Haut., 29 cent.

253 — Deux plaques de revêtement, présentant, chacune, un buste de personnage se détachant en couleurs sur un fond bleu à rinceaux.

Dans la partie supérieure d'une des plaques, un fragment d'inscription : *Sancto Maiocco*. Ancienne faïence de Faenza.

Haut., 29 cent.

Collection Molinier.

254 — Assiette décorée de fleurons et d'une couronne de feuilles, sur fond bleu pâle. Ancienne faïence de Faenza.

Diam., 19 cent.

255 — Plat décoré de menus rinceaux en bleu, disposés dans des zones concentriques. Ancienne faïence de Faenza.

Diam. 41 cent.

256 — Cornet de pharmacie, en ancienne faïence de Faenza, décoré de feuillages et entrelacs sur fond d'ocre jaune.

Haut., 21 cent.

257 — Cornet de pharmacie, orné de fleurs, d'une inscription pharmaceutique et d'un écusson d'armoiries. Ancienne faïence de Faenza.

Haut., 23 cent.

258 — Cornet de pharmacie, décoré de feuillages et d'une inscription pharmaceutique. Ancienne faïence de Faenza.

Haut., 21 cent.

259 — Deux cornets de pharmacie, de forme cylindrique, décorés de branchages chargés de fruits. Ancienne faïence de Faenza.

Haut., 34 cent.

260 — Plat décoré d'une rosace entourée d'entrelacs. Ancienne faïence de Caffagiolo.

Diam., 33 cent.

261 — Aiguière à panse surbaissée et à déversoir allongé, en ancienne faïence de Deruta. Décor bleu à reflets métalliques, composé de feuillages et moulures simulées.

Haut., 19 cent.

262 — Grand plat creux, présentant, au fond, un buste de personnage lauré avec une banderole portant le nom *Sigismondo*. Sur le marli, une couronne feuillagée. Ancienne faïence de Deruta.

Diam., 41 cent.

263 — Plat creux, présentant un cavalier oriental au galop. Au marli, des compartiments de rinceaux et d'imbrications alternés. Ancienne faïence de Deruta.

Diam., 39 cent.

264 — Aiguière en ancienne faïence de Gubbio, présentant un écusson d'armoiries, entouré de petites feuilles. Sous l'anse, la date : *1605*.

Haut., 15 cent.

265 — Plat, décoré en plein du sujet : la Mort d'Énée. Au revers, la légende et le renvoi aux Métamorphoses d'Ovide, avec la date : *1545*. Ancienne faïence d'Urbino.

Diam., 31 cent.

266 — Cornet de pharmacie, présentant un buste de personnage se détachant sur un fond bleu chargé de trophées en grisaille. Au-dessous du buste, une inscription pharmaceutique. Ancienne faïence de Castel-Durante.

Haut., 29 cent.

267 — Coupe, forme coquille, en ancienne faïence de Venise, à décor de motifs et armoiries dorés sur fond bleu.

Larg., 19 cent.

268 — Deux vases à panse ovoïde et anses ornées de mascarons. Ils sont décorés de paysages en camaïeu bleu avec rehauts de blanc. Ancienne faïence de Venise.

Haut., 33 cent.

269 — Bas-relief, cintré du haut, en terre émaillée, attribué à Andrea della Robbia, présentant la Vierge en prières, agenouillée devant l'Enfant Jésus, étendu sur un tertre. A la partie supérieure, le Père Éternel, entouré d'angelots. XVIe siècle. Bordure d'oves rehaussée de dorure.

Haut., 69 cent.; larg., 46 cent.

270 — Haut-relief en terre émaillée blanc, de l'atelier des Robbia. Il présente la Vierge, vue à mi-corps, amplement drapée et tenant des deux mains l'Enfant Jésus nu, debout, portant une colombe.

Haut., 72 cent.

271 — Cornet de pharmacie, décoré en bleu, avec rehauts de reflets métalliques, de rinceaux fleuris. Ancienne faïence hispano-mauresque.

Haut., 27 cent.

272 — Deux cornets de pharmacie, ornés, sur fond bleu clair, de zones superposées contenant des rinceaux, et rehaussés de reflets métalliques. Ancienne faïence hispano-mauresque.

Haut., 27 cent.

273 — Vase ovoïde à décor bleu, présentant deux lièvres au milieu d'une course de rinceaux feuillagés. Ancienne faïence espagnole.

Haut., 30 cent.

PORCELAINES

274 — Taureau attaqué par trois chiens, sur terrasse ornée de fleurs et de feuilles. Ancienne porcelaine de Saxe.

Collection du Comte Galante. Larg., 17 cent.

275 — Biche attaquée par deux chiens et reposant sur une terrasse ornée de fleurs. Ancienne porcelaine de Saxe.

Collection du Comte Galante. Larg., 23 cent.

276 — Brebis couchée et décorée au naturel, en ancienne porcelaine de Saxe.

Collection du Comte Galante. Larg., 20 cent.

277 — Buffle décoré au naturel. Ancienne porcelaine de Saxe.

Collection du Comte Galante. Larg., 11 cent.

278 — Brebis couchée, une patte étendue, décorée au naturel. Ancienne porcelaine de Saxe.

Collection du Comte Galante. Larg., 19 cent.

279 — Chien maltais assis se grattant la tête, décoré au naturel. Ancienne porcelaine de Saxe.

Collection du Comte Galante. Haut., 19 cent.

280 — Chèvre debout sur une terrasse fleurie, décor au naturel. Ancienne porcelaine de Saxe.

Collection du Comte Galante. Haut., 13 cent.

281 — Petit groupe représentant l'Europe et l'Amérique sous les traits de deux enfants, en tenant les attributs, et assis sur des rocailles. Ancienne porcelaine de Saxe.

Collection du Comte Galante. Haut., 12 cent.

282 — Statuette de jeune femme, vêtue d'un corsage à fleurs et d'une jupe rose, assise à une table et faisant ses comptes. A ses pieds, sur une terrasse à rocailles, des flacons, un pain de sucre et des paquets variés. Ancienne porcelaine de Saxe.

Haut., 17 cent.

Collection du Comte Galante.

283 — Salière double simulant la vannerie, et ornée d'une statuette d'adolescent assis. Ancienne porcelaine de Saxe.

Haut., 13 cent.

Collection du Comte Galante.

284 — Groupe en ancienne porcelaine de Saxe : La Mère de famille. Elle est représentée vêtue d'une robe à fleurs, assise sur une chaise et tenant sur les genoux une fillette vêtue de vert avec tablier à fleurs. Auprès d'elle, assise sur un tabouret, une autre fillette, jouant avec un sifflet.

Haut., 19 cent.

Collection du Comte Galante.

285 — Pot à lait avec couvercle, décoré de fruits et d'insectes. Ancienne porcelaine de Saxe.

Haut., 13 cent.

Collection du Comte Galante.

286 — Taureau attaqué par trois chiens, ces animaux reposant sur une terrasse fleurie. Ancienne porcelaine de Saxe, décorée au naturel.

Larg., 23 cent.

Collection du Comte Galante.

287 — Petit chat assis, décoré au naturel. Ancienne porcelaine de Saxe.

Haut., 6 cent.

Collection du Comte Galante.

288 — Oiseau décoré au naturel, perché sur un tronc d'arbre. Ancienne porcelaine de Saxe.

Haut., 27 cent.

Collection du Comte Galante.

289 — Chien carlin, assis sur un coussin décoré au naturel. Ancienne porcelaine de Saxe.

Haut., 11 cent.

Collection du Comte Galante.

290 — Perruche, décorée au naturel, et perchée sur un tronc d'arbre. Ancienne porcelaine de Saxe.

Collection du Comte Galante. Haut., 14 cent.

291 — Sanglier attaqué par deux chiens auprès d'un arbuste. Ancienne porcelaine d'Allemagne.

Collection du Comte Galante. Haut., 26 cent.

292 — Deux bouts de table à deux lumières formés de branchages sur lesquels sont grimpés deux enfants nus qui en cueillent les fruits. Ancienne porcelaine d'Allemagne.

Collection du Comte Galante. Haut., 22 cent.

293 — Statuette d'adolescent, debout, appuyé à un tronc d'arbre, et tenant un nid dans son chapeau. Ancienne porcelaine de Zurich.

Collection du Comte Galante. Haut., 15 cent.

294 — Plat décoré d'un coq, d'un papillon, de rochers et de branches fleuries, à la manière chinoise, en ancienne porcelaine tendre de Capo di Monte.

Diam., 31 cent.

295 — Biche debout, se léchant le dos, et appuyé à un tronc d'arbre. Ancienne porcelaine tendre de Capo di Monte.

Collection du Comte Galante. Larg., 7 cent.

296 — Petit dogue aboyant et se préparant à attaquer. Ancienne porcelaine tendre de Capo di Monte.

Collection du Comte Galante. Larg., 8 cent.

297 — Sanglier assis et décoré au naturel, en ancienne porcelaine tendre de Capo di Monte.

Collection du Comte Galante. Haut., 7 cent.

298 — Plateau ovale, décoré sur fond jaune d'une réserve contenant des paysans conduisant un troupeau. Porcelaine de Capo di Monte.

Collection du Comte Galante. Larg., 28 cent.

299 — Chienne allaitant son petit et assise sur un coussin. Ancienne porcelaine italienne.

Haut., 7 cent.

Collection du Comte Galante.

300 — Deux fleurs, en ancienne porcelaine tendre.

Larg., 7 cent.

Collection du Comte Galante.

IVOIRES

301 — Volet de polyptyque, en ivoire sculpté, présentant la Vierge debout, tenant l'Enfant Jésus, ayant près d'elle deux anges ceroféraires. Commencement du XIVe siècle.

Haut., 12 cent.; larg., 5 cent.

302 — Volet de diptyque, en ivoire sculpté, divisé en deux registres superposés, contenant les sujets de l'Annonciation, de la Visitation et de l'Adoration des rois mages. Composition comprenant en tout dix personnages. Travail français du XIVe siècle.

Haut., 17 cent.; larg., 12 cent.

303 — Petit groupe, en ivoire sculpté : la Vierge debout, amplement drapée, tenant sur le bras gauche, l'Enfant Jésus bénissant. Travail français du XIVe siècle.

Haut., 11 cent.

304 — Petit diptyque en ivoire sculpté, présentant la Nativité et le Christ crucifié, ces deux compositions, disposées chacune sous une triple arcature gothique. Travail français, XIVe siècle.

Haut., 9 cent. ; larg., 13 cent.

305 — Petit volet de diptyque en ivoire sculpté, présentant la Vierge assise, allaitant l'Enfant Jésus et couronnée par deux anges. Deux autres anges se tiennent debout à ses côtés. Le tout est disposé sous une arcade gothique. Travail français de la fin du XIVe siècle.

Haut., 7 cent. ; larg., 5 cent.

306 — Dizain en ivoire gravé, à sujets saints, avec inscription sur la tranche de chaque grain. Travail italien du XVIe siècle.

Long., 40 cent.

307 — Grain de chapelet, formé d'une tête de Christ et d'une tête de mort. Ivoire sculpté, xvie siècle.

Haut., 4 cent.

308 — Petit médaillon en ivoire sculpté en léger relief, présentant une tête de guerrier antique de profil. xvie siècle.

Diam., 5 cent.

309 — Deux statuettes en ivoire sculpté, représentant : l'une, Hercule ; l'autre, Atlas faisant le geste de soutenir le monde. xviie siècle. Base en marbre de couleurs.

Vente Possenti. Haut., 18 et 16 cent.

310 — Figurine en ivoire sculpté : femme assise tenant une fleur. xviie siècle.

Haut., 40 millim.

311 — Statuette-applique en ivoire sculpté, représentant un des bergers de l'Annonciation et provenant d'une crèche. xviie siècle.

Haut., 18 cent.

312 — Crosse en ivoire partiellement doré, présentant, dans sa volute, une figure de l'Agneau pascal. Ancien travail espagnol.

Haut., 12 cent.

313 — Petit bas-relief en ivoire sculpté : portrait de la reine Caroline, de profil, en buste. Encadré. Commencement du xixe siècle.

Haut., 6 cent.

BIJOUX

314 — Croix pendeloque en or, enrichie de cabochons. Ancien travail byzantin.

Collection Guilhou. Haut., 7 cent.

315 — Bague en or, ornée d'une rosace. Ancien travail byzantin.

Diam., 20 millim.

316 — Bague en or à chaton, orné d'une inscription grecque. Ancien travail grec.

Diam., 20 millim.

317 — Croix reliquaire à double traverse, en bois revêtu de cuivre. Elle est ornée de perles et de cabochons. XVe siècle.

Haut., 22 cent.

318 — Petit médaillon rond en argent, partiellement émaillé bleu, présentant le Christ en croix. XVIe siècle.

Diam., 50 millim.

319 — Bouton en or ajouré, présentant la Vierge entourée de fleurs. XVIe siècle.

Diam., 30 millim.

320 — Bague en or enrichie de trois petites perles. XVIe siècle.

Diam., 20 millim.

321 — Croix pendeloque en or, décorée de motifs réguliers en léger relief. Ancien travail italien.

Haut., 9 cent.

322 — Pendeloque en forme de navire à voiles, en or émaillé. XVIIe siècle.

Haut., 70 millim.

323 — Deux boucles d'oreilles en or partiellement émaillé, enrichies de petites perles. XVIIe siècle.

Haut., 40 millim.

324 — Bague en or, à chaton formé d'une intaille sur sardoine, présentant deux bustes conjugués. Époque Louis XVI.

Diam., 25 millim.

325 — Bague en or, à chaton formé d'une peinture sur émail, buste de femme. Époque Louis XVI.

Haut., 30 millim.

326 — Bague marquise en argent, enrichie de strass et de verroteries. Époque Louis XVI.

Haut., 40 millim.

327 — Bague marquise en argent, ornée d'une miniature en grisaille, encadrée de strass. Époque Louis XVI.

Haut., 30 millim.

328 — Pendeloque, formée d'un petit cadre en argent, enrichi de roses et de pierres vertes, et contenant un camée agate à deux couches à sujet de chasse de style antique. Époque Louis XVI.

Haut., 60 millim.

329 — Bague à chaton formé d'un camée sur agate, orné d'un buste de Cléopâtre. XVIIIe siècle.

Haut., 30 millim.

330 — Médaillon-pendeloque, formé d'un camée agate, présentant un cavalier. Monture en or.

Grand diamètre, 30 millim.

331 — Camée agate, buste de femme de style antique.

Haut., 40 millim.

332 — Bague à chaton orné d'une miniature, présentant la parade devant une baraque de foire.

Haut., 30 millim.

333 — Bague en or, à chaton, contenant une montre et encadré de demi-perles.

Haut., 25 millim.

334 — Bijou, de travail indien, en or, formé d'un oiseau.

Haut., 50 millim.

335 — Croix en agate rubanée, avec Christ en or et garnitures en or émaillé à fleurons, tête de mort, etc. ; elle est enrichie de deux camées. Cette croix peut être attribuée à Jacopo da Trezza, qui travailla à la Cour d'Espagne. XVIe siècle.

Haut., 24 cent.

Collection Guilhou.

OBJETS VARIÉS

336 — Petite applique de forme ronde, en bronze gravé, présentant le Christ faisant le geste de bénédiction. Limoges, XIVe siècle.

Diam., 7 cent.

337 — Navette en cuivre champlevé et émaillé, à décor de rinceaux et palmettes. Travail de Limoges, XIVe siècle.

Larg., 18 cent.

338 — Plaque rectangulaire, en émail peint de Limoges, par Jean I Pénicaud, présentant la Descente de Croix.

Haut., 14 cent.; larg., 10 cent.

339 — Plaque en émail peint de Limoges, XVIe siècle, attribuée à Couly II Noylier : le baiser de Judas. Composition de nombreux personnages, sur fond de paysage.

Haut., 27 cent. ; larg., 20 cent.

340 — Bas-relief minuscule à deux faces, en stéatite, présentant, sur une face, un archange, et sur l'autre, saint Démétrius. Ancien travail byzantin.

Haut., 45 millim.; larg , 31 millim.

341 — Petit groupe en cire rouge, représentant deux enfants nus, debout, enlacés, avec un dauphin à leurs pieds. Base quadrilatérale. Italie, XVIe siècle.

Haut., 14 cent.

342 — Petit médaillon rond, en schiste, présentant un buste de personnage barbu, en cire blanche. XVIe siècle.

Diam., 9 cent.

343 — Petite plaque en schiste, ornée d'un buste de femme de profil, en cire de couleur. XVIIe siècle.

Haut., 5 cent.

344 — Deux médaillons ovales, en cire de couleur et étoffe, présentant chacun, une femme vue à mi-corps, l'une d'elles, tenant un chien et un fusil, l'autre, portant des fruits dans un linge. Cadre en bois doré. Travail italien du XVIIIe siècle.

Grand diamètre, 13 cent.

345 — Statuette en cire, représentant Marsyas lié à l'arbre. Ancien travail italien.

Haut., 22 cent.

346 — Statuette en cire, représentant un enfant nu, assis, la main droite appuyée sur la jambe, la main gauche posée sur la poitrine. Ancien travail italien.

Haut., 19 cent.

347 — Petit buste d'empereur romain : tête en obsidienne et cuirasse en calcédoine. Socle en agate. Ancien travail italien.

Haut., 10 cent.

348 — Serrure à moraillon en fer, décorée de motifs gothiques, de clochetons et d'un dais abritant une figurine. Fin du XVe siècle.

Haut., 18 cent.; larg., 10 cent.

349 — Coffret à couvercle bombé, en fer damasquiné d'or et d'argent, à décor d'arabesques. Travail italien du XVIe siècle. 320 Dr. Poignant

Larg., 8 cent.

350 — Petit bas-relief en cuir, présentant la Vierge assise, tenant l'Enfant Jésus et entourée de quatre saints personnages. XIVe siècle. Encadré. 130 Martin

Haut., 13 cent.; larg., 14 cent.

351 — Échiquier en marqueterie de bois et d'os, dans un encadrement en certosina, corne et os sculpté, à figures de génies ailés au milieu de feuillages. Travail italien du XIVe siècle. 4000 Martin

Collection Bardini. Hauteur et largeur, 48 cent.

352 — Encensoir en argent ajouré et repoussé, de forme architecturale, à décor de feuillages, fenestrages, croissants et mascarons. XVIe siècle. 550 Martin

Haut., 30 cent.

353 — Monstrance en cuivre ajouré et doré, en forme de clocheton orné de pinacles et surmonté d'une figurine d'angelot. Pied à nœuds et base polylobée. XVe siècle. 1150 Pincot

Haut., 61 cent.

354 — Reliquaire en cuivre gravé et doré, à entrelacs, en forme de petit monument, décoré de colonnettes et pilastres. Au-dessus de l'ouverture, une inscription indiquant qu'il abritait la tête d'une des onze mille Vierges. XVIe siècle. 400 Hirsch

Haut., 20 cent.; larg., 20 cent.

355 — Vase avec couvercle et à deux anses, en cuivre repoussé et gravé à décor d'animaux et de branchages. Travail vénitien du XVIe siècle. 1000 Mannheim

Haut., 58 cent.

356 — Reliquaire de forme architecturale en cuivre doré. Pied à nœud enrichi de médaillons d'argent niellé, présentant une inscription. Travail italien de la fin du XVe siècle. 210 M

Haut., 41 cent.

357 — Monture de couteau pliant en argent, à décor de rinceaux. XVIIIe siècle. 40 Stora

Haut., 8 cent.

358 — Aiguière en cuivre uni ; anse de forme contournée. Commencement du XVIIe siècle.

Haut., 29 cent.

359 — Croix processionnelle, composée d'oves en cristal de roche taillé et reliées par une monture en cuivre doré enrichie de motifs en argent ajouré. Au pied de la croix, un nœud sphérique orné de verre dit églomisé, à sujets saints. Travail italien du XVIe siècle. Socle en velours.

Haut., 83 cent.

360 — Baiser de paix en jais sculpté, présentant le sujet de la Pietà. Travail espagnol du XVIe siècle.

Haut., 13 cent.

361 — Petite écritoire en marqueterie de cuivre sur écaille. XVIIe siècle.

Larg., 31 cent.

362 — Feuillet de manuscrit, présentant la lettre M, ornée de deux saints personnages. XIIIe siècle. Cadre en bois sculpté, peint et doré, avec armoiries au fronton.

Haut., 18 cent.; larg., 14 cent.

363 — Feuillet de manuscrit, présentant une lettre S enluminée, décorée de personnages et guerriers revêtus de cottes de mailles. XIIIe siècle.

Haut., 19 cent.; larg., 15 cent.

364 — Antiphonaire décoré d'enluminures à sujets saints, ainsi que de capitales ornées. Attribué à Nicolas de Bologne. École de Bologne, XIVe siècle. Reliure en bois revêtu de cuir et de cuivre.

Haut., 40 cent.

365 — Feuillet de manuscrit, présentant une lettre S enluminée, décorée de trois personnages. Italie, XVe siècle.

Haut., 14 cent.; larg., 15 cent.

366 — Fragment de feuillet de manuscrit enluminé. XVe siècle.

367 — Un volume : Recueil de psaumes en langue grecque, orné de quelques têtes de chapitre enluminées. Ancien travail byzantin. Reliure en bois revêtu de cuir, du XIVe siècle.

Haut., 26 cent.

368 — Un volume manuscrit, livre d'heures, orné de neuf miniatures, de capitales enluminées et de bordures. Travail français du xve siècle. Reliure en cuir gaufré.

369 — Un volume manuscrit, livre d'heures en latin, contenant douze miniatures, ainsi que des capitales ornées et des encadrements. Fin du xve siècle. Relié et dans un écrin.

370 — Un volume, contenant les portraits, armes et devises, des membres de la famille Carretto, dessinés à la plume et rehaussés de peinture. Reliure en cuir fauve doré, présentant également les armes de Carretti. Travail vénitien, xvie siècle.

Haut., 28 cent.

371 — Reliure en cuir gaufré, contenant cinq feuillets imprimés des Grandes Heures, publiées par Vérard, avec encadrements coloriés à sujets saints. Travail français, fin du xve siècle.

372 — Reliure en cuir fauve gaufré, présentant le Christ en croix, encadré de plusieurs bordures à têtes, rinceaux et entrelacs. Sur l'autre plat, les armes d'Empire. Cette reliure est signée G. E. Travail allemand, xvie siècle.

Haut., 31 cent.

373 — Reliure en cuir fauve doré, présentant, sur chaque plat, les armes d'un évêque, disposées au milieu d'entrelacs. Italie, xvie siècle.

Haut., 34 cent.

374 — Bas-relief, exécuté en perles de verre et présentant trois personnages debout, en riches costumes, se détachant sur fond de glace. xvie siècle. Cadre plaqué d'ébène, et garni d'appliques d'argent.

Haut., 17 cent.; larg., 12 cent.

375 — Coupe, sur pied bas, en verre de Venise, décorée d'une bordure d'imbrications dorées. xvie siècle.

Diam., 22 cent.

376 — Coupe à ombilic, en verre partiellement doré, présentant une inscription sur la bordure. Venise, xvie siècle.

Diam., 24 cent.

377 — Flacon avec bouchon, en verre bleu gravé. Il est muni de deux anses travaillées à la pince. Ancien travail vénitien.

Haut., 14 cent.

378 — Deux coquilles en verre, dites millefiori, à bossages simulant des cavaliers. Ancien travail vénitien.

Larg., 20 cent.

379 — Coupe en verre églomisé, munie de deux anses travaillées à la pince. Ancien travail vénitien.

Larg., 14 cent.

380 — Petit seau en verre blanc marbré, dit millefiori. Ancien travail vénitien.

Larg., 9 cent.

381 — Petite coupe ovale en verre craquelé et sur pied muni de deux ailettes travaillées à la pince. Ancien travail vénitien.

Haut., 13 cent.

382 — Petit vase en verre incolore, muni de deux anses en verre bleu et incolore travaillé à la pince. Ancien travail vénitien.

Haut., 14 cent.

383 — Petite aiguière, en ancien verre de Venise à filet blancs, dit latticinio.

Haut., 17 cent.

384 — Gobelet en verre gros bleu aventuriné. Ancien travail vénitien.

Haut., 9 cent.

385 — Panneau rectangulaire, en velours ciselé rouge et jaune, à dessin de style oriental. Travail vénitien de la fin du XVe siècle.

Haut., 78 cent.; larg., 37 cent.

386 — Mors de chape en velours rouge, avec applications de satin et soutaches. Travail italien du XVIe siècle.

Larg., 65 cent.

387 — Deux petits panneaux en velours rouge, avec applications de broderie d'argent doré, présentant le monogramme du Christ, dans un cartouche de feuillages. Travail italien du XVIe siècle.

Haut., 21 cent.; long., 55 cent.

388 — Devant d'autel en brocatelle rouge à dessin d'oiseaux, couronnes et feuillages en jaune. Ancien travail italien.

Haut., 85 cent.

BOIS SCULPTÉS

389 — Berceau-reliquaire, dit repos de Jésus, en bois ajouré et sculpté, composé de pinacles, motifs et fenestrages gothiques. Il est contenu dans une boîte peinte aux armes des Cockaert et van Cattenbroeck, de Bruxelles. Travail flamand, XVe siècle.

Haut., 70 cent.; larg., 41 cent.

Provenant de l'hôpital de Tirlemont.

390 — Parties latérales d'un orgue en bois sculpté, peint et doré, présentant un buste d'homme et un buste de femme en haut-relief, compris chacun dans une couronne de feuilles et surmontés de deux grotesques. Travail de la Lombardie. Fin du XVe siècle.

Haut., 92 cent.; larg., 93 cent.

391 — Grand bas-relief en bois sculpté, peint et doré, présentant la Vierge en prières, entourée des apôtres, dont l'un prend de l'eau bénite dans un bénitier que porte un autre apôtre. Travail allemand du commencement du XVIe siècle.

Haut., 78 cent.; larg., 77 cent.

Collection du Duc de la Verdure.

392 — Haut-relief sans fond, en chêne sculpté, présentant deux personnages se serrant la main, l'un d'eux assis, l'autre, richement vêtu, se tenant debout. XVIe siècle.

Haut., 35 cent.

393 — Petit tabernacle en bois ajouré, sculpté, peint bleu et rouge et doré, décoré de chimères, petits génies, guirlandes, volutes, draperies et rinceaux. Il ferme au moyen de deux volets de bois, incrustés de pâte blanche et présentant une décoration de style antique, à personnages, fleurs et animaux. Au revers, l'ébauche d'un décor exécuté à la plume. Travail italien du XVIe siècle.

Haut., 64 cent.; larg., 48 cent.

394 — Haut-relief en bois sculpté, peint et doré, présentant un saint moine prêchant et entouré d'un très nombreux auditoire de personnages debout ou assis, richement vêtus, parmi lesquels un souverain sur un trône. Les vêtements des personnages portent des

inscriptions et des noms. Travail du Nord de l'Italie, XVIe siècle. Encadrement architectural à balustres et rinceaux en bois sculpté, peint et doré, d'ancien travail italien.

Haut., 1 m. 40; larg., 1 m. 20.

395 — Deux petits bustes en bois sculpté, peint et doré, représentant chacun une sainte femme, la tête légèrement inclinée, les épaules drapées. Socles plaqués d'ébène, de cuivre et d'émail. Travail italien du XVIe siècle.

Hauteur du buste, 24 cent.

396 — Statuette en bois peint et doré, représentant saint Joseph agenouillé, les bras croisés sur la poitrine. Il est vêtu d'un ample manteau. Travail italien du XVIe siècle.

Haut., 48 cent.

397 — Fragment de tête de femme en bois sculpté. Travail français, XVIe siècle.

Haut., 24 cent.

398 — Petit cadre en bois sculpté et doré, à décor de fruits et feuilles. Ancien travail italien.

Ouverture : Haut., 15 cent.; larg., 13 cent.

399 — Groupe en buis sculpté, représentant la Vierge debout, amplement drapée, et tenant des deux mains l'Enfant Jésus nu. Allemagne, fin du XVIe siècle.

Haut., 23 cent

SCULPTURES

400 — Haut-relief en marbre tendre blanc, présentant la Vierge assise sur un trône et portant, debout sur le genou gauche, l'Enfant Jésus vêtu d'une chemisette. Elle bénit de la main droite une donatrice agenouillée, et est entourée de deux saints personnages et de quatre angelots, dont deux tiennent une draperie tendue derrière elles. XIVe siècle.

Haut., 51 cent.; larg., 37 cent.

401 — Bas-relief en pierre sculptée, présentant un vase placé entre deux chimères. Travail italien, XIVe siècle.

Haut., 40 cent ; larg., 70 cent

402 — Haut-relief de forme rectangulaire en marbre blanc, présentant la Vierge vue à mi-corps, nimbée, vêtue d'une robe et d'un manteau sur les plis duquel elle berce l'Enfant Jésus. Ce dernier est vêtu d'une chemisette retenue par des bandelettes l'emmaillotant, et fait le geste de bénédiction. Attribué à Mino de Fiesole. XVe siècle.

Haut., 66 cent.; larg., 46 cent

403 — Bas-relief rectangulaire en stuc peint et doré, présentant la Vierge assise, vue à mi-jambes, amplement drapée et tenant des deux mains l'Enfant Jésus, en partie vêtu d'une draperie. Au fond, deux figures de chérubins. École de Rossellino. Italie, XVe siècle. Encadrement à pilastres en bois sculpté, peint et doré, d'ancien travail italien.

Haut., 70 cent.; larg., 49 cent.

404 — Fragment de frise en marbre blanc, sculpté en bas-relief, présentant une tête de chérubin placée sur deux cornes d'abondance croisées et enrubannées. Attribué à Agostino di Duccio. Fin du XVe siècle.

Haut., 32 cent.; larg., 47 cent.

405 — Statuette en terre cuite peinte, présentant l'Enfant Jésus nu, étendu, s'appuyant sur le bras droit, le bras gauche posé sur la poitrine. Attribuée à Verrochio. Fin du XVe siècle.

Collection Bardini.

Haut., 29 cent.; larg., 42 cent.

406 — Groupe en marbre blanc, représentant la Vierge debout, drapée, portant sur le bras gauche l'Enfant Jésus, vêtu d'une chemisette, qui tend ses bras vers elle. Auprès d'elle, saint Jean-Baptiste. De la main droite, il tient un fruit. Attribué à Gaggini. Commencement du XVIe siècle.

Haut., 88 cent.

407 — Groupe en terre cuite peinte et dorée, représentant la Vierge assise, tenant sur le genou gauche l'Enfant Jésus nu, qui tend les

bras vers saint Jean-Baptiste, debout près de lui. Le manteau de la Vierge, ainsi que son costume, présente des ruches peintes et dorées. Travail vénitien du XVIe siècle.

Haut., 41 cent.

408 — Haut-relief en terre cuite, présentant la Vierge, vue à mi-corps, amplement drapée, la tête couverte d'un voile et tenant des deux mains l'Enfant Jésus, complétement nu, qui tend le bras vers elle. Travail italien du XVIe siècle.

Haut., 55 cent.

Collection Molinier.

409 — Haut-relief sans fond en stuc peint marron, avec traces de dorure, présentant la Vierge à mi-corps, tenant l'Enfant Jésus et inclinant la tête vers lui. Travail italien du XVIe siècle. Cadre en bois sculpté.

Hauteur du haut-relief, 44 cent.; larg., 34 cent.

410 — Bas-relief en terre cuite peinte : la Vierge, à mi-corps, portant l'Enfant Jésus sur ses genoux. Travail italien du XVIe siècle. Encadré.

Hauteur du bas-relief, 43 cent.; larg., 32 cent.

411 — Bas-relief en marbre blanc : la Vierge debout, portant l'Enfant Jésus, vêtu d'une chemisette plissée et faisant le geste de bénédiction. Ancien travail italien.

Haut., 63 cent.; larg., 54 cent.

412 — Fragment de bas-relief en terre cuite, présentant une bacchanale ; attribué à Clodion. Époque Louis XVI.

Haut., 18 cent.; larg., 20 cent.

413 — Petit bas-relief rond en terre cuite, présentant un cavalier en relief. Ancien travail italien.

Diam., 70 millim.

414 — Petit buste en marbre blanc, représentant une fillette, les épaules nues, la tête inclinée vers l'épaule gauche. Travail italien.

Haut., 13 cent.

415 — Bas-relief de forme ronde, en albâtre sur schiste, présentant deux enfants nus, luttant, se détachant sur fond bleu. Ancien travail italien.

Diam., 15 cent.

BRONZES

416 — Petit encensoir, en bronze patiné et ajouré. Travail roman.

Haut., 19 cent.

417 — Crosse de Bartholomée de Tocco, évêque de Valva (Abruzzes), 1402-1419. Bronze doré. Sur la volute, l'inscription : *B. Valuens epus pro Eccla s. Pellini de Valva*. Travail italien du commencement du xve siècle.

Collections Castellani et Bardini. Long., 1 m. 70

418 — Motif décoratif en bronze à patine brune, composé d'un monstre marin, à tête humaine, rampant. Travail de Padoue, fin du xve siècle. Base en marbre.

Long., 23 cent.

419 — Statuette de Vulcain agenouillé, nu, faisant le geste de forger, attribuée à Bertoldo. Bronze patiné. Base triangulaire. Travail italien, fin du xve siècle.

Haut., 17 cent.

420 — Statuette en bronze à patine verdâtre, attribuée à Francesco di Sant Agata, représentant un adolescent entièrement nu, les bras étendus, porté par un cheval marin. Travail italien de la fin du xve siècle. Base en marbre.

Collection Warneck. Haut., 20 cent. ; larg., 30 cent.

421 — Statuette en bronze à patine brune, attribuée à Andrea Briosco, dit il Riccio : Le Tireur d'épines, d'après l'antique. Travail italien de la fin du xve siècle. Base en marbre.

Collection Taylor. Haut., 18 cent.

422 — Statuette en bronze à patine brune, de personnage drapé à l'antique, faisant le geste de s'avancer, le bras droit levé. Base quadrilobée. Travail florentin de la fin du xve siècle.

Collections Borghèse et Bardini. Haut., 30 cent.

423 — Figurine du Christ debout, les deux mains levées. Bronze doré. Travail du Nord de l'Italie. Fin du xve siècle. Base en jaspe.

Haut., 10 cent.

424 — Mortier en bronze à patine brune, présentant des jeux d'enfants et d'amours, ainsi que deux mufles de lions. Bronze à patine brune. École de Donatello. Fin du xve siècle.

Haut., 10 cent.

425 — Statuette équestre de Marc Aurèle d'après l'antique, attribuée à Giovanni del Duca (Bode, pl. CXXXXIII). Bronze à patine brune. Travail italien du xvie siècle.

Haut., 24 cent.

426 — Petite tête en bronze, à patine brune, de négresse, les yeux bandés, des perles aux oreilles. Travail italien du xvie siècle.

Haut., 12 cent.

427 — Statuette de triton accroupi, en bronze à patine brune, de travail italien du xvie siècle. Il supporte un vase décoré de mascarons et repose sur une base carrée ornée de figures et de vases, d'ancien travail italien.

Hauteur totale, 14 cent.

428 — Sonnette en métal de cloche, décorée de chimères affrontées, séparées par un vase de fleurs. Travail de Padoue. Commencement du xvie siècle.

Haut., 13 cent.

429 — Sonnette en métal de cloche, décorée de griffons adossés, séparés par des fleurons. Bordure de palmettes. Travail de Padoue. Commencement du xvie siècle.

Haut., 18 cent.

430 — Sonnette en métal de cloche, décorée de personnages avec inscriptions latines et signature : *Petrus Gheineus me fecit. 1571.* Travail de Padoue, xvie siècle.

Haut., 13 cent.

431 — Aigle tenant un serpent dans ses serres. Il est représenté les ailes éployées. Bronze patiné. Travail italien du xvie siècle. Socle en marbre.

Haut., 12 cent.

432 — Statuette de sainte femme en prières, les bras croisés sur la poitrine. Bronze avec traces de dorure. Travail italien du xvie siècle. Base en jaspe.

Haut., 13 cent.

433 — Petit groupe en bronze doré, représentant Vénus debout, presque nue, accompagnée d'Éros. Travail italien du xvie siècle.

Haut., 17 cent.

434 — Christ en bronze patiné, portant un perizonium. Atelier de Jean de Bologne. Italie, xvie siècle.

Haut., 55 cent.

435 — Lévrier dressé sur les pattes de derrière, ayant probablement tenu lieu d'anse. Bronze à patine brune. Travail italien du xvie siècle. Base en marbre.

Haut., 17 cent.

436 — Petite tête de taureau, ornée de bandelettes en bronze à patine brune. Travail italien du xvie siècle.

Haut., 5 cent.

437 — Figurine de satyresse debout, le bras droit levé. Bronze à patine brune. Travail italien, xvie siècle. Base en marbre.

Haut., 10 cent.

438 — Figurine d'amour nu, debout, en bronze, avec traces de dorure. Travail italien, xvie siècle. Base en marbre.

Haut., 85 millim.

439 — Statuette de génie ailé, debout, drapé à l'antique, tenant de la main gauche une pomme. Bronze doré. Travail italien du xvie siècle. Base en serpentine.

Haut., 13 cent.

440 — Petit ours assis, la gueule ouverte, en bronze, à patine verdâtre. Travail italien du xvie siècle.

Haut., 9 cent.

441 — Motif décoratif en bronze doré, en forme de dauphin. Travail italien du xvie siècle.

Haut., 5 cent.

442 — Figurine en bronze doré de saint Pierre, debout, tenant de la main gauche les clés, et portant sur la main droite une petite sphère de lapis. Travail italien, xvie siècle. Base en marbre.

Haut., 9 cent.

443 — Statuette de jeune bacchant, nu, debout, tenant de la main droite un cratère, et du bras gauche surélevé, une grappe de raisin. Bronze à patine brune. Travail italien du xvie siècle. Base en marbre.

Haut., 15 cent.

444 — Petit buste de femme drapée, la tête recouverte d'un long voile. Bronze patiné. Travail italien du xvie siècle.

Haut., 8 cent.

445 — Statuette de petit génie, debout, nu, une draperie sur les épaules, la main droite levée. Bronze patiné. Travail italien du xvie siècle. Base en bronze.

Haut., 15 cent.

446 — Statuette de la Fortune, debout sur un dauphin et tenant une voile flottant au gré des vents. Bronze à patine brune, attribué au Maître de 1575. Travail italien du xvie siècle. Base en marbre.

Haut., 12 cent.

447 — Figurine d'amour, debout, tenant des deux bras une gerbe de fleurs et de fruits. Bronze patiné. École de Sansovino. Venise, xvie siècle. Base en agate.

Haut., 12 cent.

448 — Figurine de chérubin nu, assis, tenant le linge de la Passion. Bronze patiné. Travail vénitien du xvie siècle. Base en marbre.

Haut., 11 cent.

449 — Statuette en bronze à patine brune de Neptune, nu, debout, un pied posé sur la tête d'un dauphin, dont il tient la queue de la main gauche. Travail vénitien, xvie siècle. Base en porphyre.

Haut., 17 cent.

450 — Figurine de chérubin nu, debout, tenant la couronne d'épines. Travail vénitien du xvie siècle. Bronze à patine brune. Base en porphyre et marbre.

Haut., 13 cent.

451 — Deux porte-cierges, en bronze patiné, à tige balustre, reposant sur une base triangulaire ornée de cartouches à pieds-griffes. Travail vénitien, xvie siècle.

Haut., 61 cent.

452 — Deux porte-lumières appliques, en bronze patiné, composés chacun d'une cariatide de femme ailée. Atelier de Sansovino. Venise, XVIe siècle.

Collection Taylor. Haut., 29 cent.

453 — Figurine d'enfant nu, assis, tenant des deux mains un hibou. Bronze à patine brune. Travail vénitien du XVIe siècle.

Haut., 11 cent.

454 — Motif décoratif en bronze doré, formé de l'aigle d'Empire tenant l'épée et le sceptre. Travail allemand du XVIe siècle. Base en bois doré.

Haut., 13 cent.

455 — Pulvérin orné de deux bas-reliefs en bronze partiellement doré, représentant, l'un, le Jugement de Pâris, l'autre, une figure d'empereur romain. Fond revêtu de cuir. Fin du XVIe siècle.

Haut., 23 cent.

456 — Deux fragments en bronze, partiellement émaillés bleu et gravés, à décor de rinceaux, entrelacs et lions. Ancien travail italien.

Hauteur de l'un, 9 cent.; larg., 18 cent.

457 — Petit bas-relief en bronze à patine brune, présentant des jeux d'enfants nus dans un jardin. Ancien travail italien.

Haut., 9 cent.; larg., 16 cent.

458 — Lion couché en bronze patiné. Ancien travail italien.

Larg., 14 cent.

MEUBLES — VITRINES

459 — Grande table ronde en marqueterie de bois de couleurs, à dessins géométriques, sur large piètement à balustres incrustés de pâte blanche. Travail de Bologne, XVIe siècle.

Diam., 1 m. 52.

460 — Stalle en bois sculpté, peint et doré, décorée sur les faces latérales d'oiseaux, de dragons et de rinceaux. Italie, XVIe siècle.

Larg., 79 cent.

461 — Deux sièges à X pliants, variés, en bois sculpté à décor de motifs irréguliers. Travail italien, xvie siècle.

Larg., 67 cent.

Collection Bardini.

462 — Table rectangulaire en bois sculpté, contenant deux tiroirs. Elle est décorée de mascarons, mufles de lions et fleurs, et repose sur un piètement à trois balustres et quatre colonnettes torses, dressé sur une base à patins ornée de lions couchés. Époque Louis XIII.

Long., 1 m. 33 ; larg., 74 cent.

463 — Grande stalle en bois sculpté, à feuillages et têtes de chérubins. xviie siècle.

Haut., 2 m. 20.

464 — Stalle à haut dossier, en bois sculpté, présentant les armes d'un prélat, en marqueterie et la date : *1614*. xviie siècle.

Haut., 2 m. 10.

465 — Vitrine murale en fer et glaces, ouvrant à une porte à coulisse. Fond de glace étamée. Base en bois.

Haut., 2 m. 11 ; larg., 1 m. 39 ; prof., 42 cent.

466 — Vitrine murale en fer et glaces, fermant à une porte. Base en bois.

Haut., 2 m. 26 ; larg., 1 m. 45 ; prof., 44 cent.

467 — Vitrine murale en verre et glaces, ouvrant à une porte et à côtés cintrés. Base en bois ajouré.

Haut., 2 m. 10 ; larg., 1 m. 10 ; prof., 41 cent.

468-470 — Trois vitrines murales en bois sculpté, fermant chacune à deux portes superposées, encadrées de fer.

Hauteur de deux, 2 m. 18 ; larg., 1 m. 18 ; prof., 48 cent.
Hauteur de l'autre, 2 m. 41 ; larg., 1 m. 27 ; prof., 53 cent.

www.ingramcontent.com/pod-product-compliance
Ingram Content Group UK Ltd.
Pitfield, Milton Keynes, MK11 3LW, UK
UKHW020347180726
13839UKWH00002B/962